星出版

新觀點
新思維
新眼界

ST HUMOR WILL NOT
AND WITH EVERYONE

ha ha ha

■ PEOPLE WHO THOUGHT
IT WAS FUNNY

☐ eh

LAUGHTER,
A BRAIN COCKTAIL

EUPH ORIC
LESS STRESSED
TRUSTING
HAPPY

A DIFFERENT KIND OF
CORPORATE LADDER

TUS

THE POWER OF SELF-
DEPRECATING HUMOR

JENNIFER AAKER & NAOMI BAGDONAS
珍妮佛・艾克 & 娜歐米・拜格多納斯 著

洪慧芳 譯

幽默

面對人生與工作，你最需要的軟實力

HUMOR, SERIOUSLY

WHY HUMOR IS A SECRET WEAPON IN BUSINESS AND LIFE *

*AND HOW ANYONE CAN HARNESS IT. EVEN YOU.

謹獻給我們的父母、祖父母，以及 Connor。

謹獻給 Carla 與 Andy，以及無數陪伴我們走過這段歷程的人。

謹獻給那些行善及獻身服務他人的人。

謹獻給當下。

期待這一天！

因為這就是人生，

生活就是活在當下。

目錄

推薦序

幽默力就是你的超能力

林明仁
台大經濟系特聘教授

1981年，美國前總統雷根在演講結束走出飯店時遇刺。被緊急送上手術台時，神智仍清醒的他，對醫療團隊說：「I hope you are all Republicans.」（我希望你們都是共和黨員。）這句話緩解了大家緊繃的情緒。而他的主治醫師，本身是民主黨員的約瑟夫‧吉爾丹諾（Joseph Giordano），也機智地回答：「Today, Mr. President, we are *all* Republicans.」（今天，總統先生，我們**都是**共和黨員。）

這短短不到三十秒的對話，完美展現了幽默的力量。對雷根來說，他的首要任務是在中槍之後安定民心，並藉此機會鞏固他的領導（如果他沒死的話）。作為史上擁有最高幽默力與溝通力點數的總統，他當然不會矯情俗氣地對著鏡頭大喊：「我是一個勇敢的總統！子彈也擋不住我為美國奉獻的決心！」，而是透過帶有政治調侃與自我解嘲的話語（畢竟當時他可是躺在病床上的人），來展現領導者幽默與優雅的風格。

而主治醫師吉爾丹諾那句：「今天，總統先生，我們**都是**共和黨員」，更是神來之筆——躺在病床上的，雖然是全世界最有權力的人，但同時也是一個帶著恐懼與無助，不知道麻醉後還能不能醒過來的老人家。安撫

病人的情緒讓手術順利進行，是他最重要的任務。再者，面對總統，本來就應該把黨派的想法拋到腦後。醫院的任務只有一個：盡全力救治國家領袖。這電光石火的一來一往，其實都是雙方長期的行事風格與價值信念的結果。

許多人把幽默與插科打諢連結在一起，這是不對的。幽默不是一種舌粲蓮花的奇門技巧，更不是單純搞笑或嘲笑他人苦痛，而是經由恰當地混合自信與自嘲，透過對現狀給出一個不同以往的詮釋，把觀點精準地呈現出來。而此一反差，最好也能刺激聽者做進一步的思考。因此，每一次幽默力的展現，都是你對於該次事件的觀點，反映出你的價值觀與信念，而這些反應的累積，最終也建構了你的人設，成為你在人格市場的評價。

本書的兩位作者，為了了解幽默這檔事，除了最基本的文獻回顧與實證調查以外，還親自參與喜劇演員培訓，訪問真實的喜劇演員，也採訪數百位各行各業的領導者，最後再把整理好的心法，拿到管理學院的課堂上來講授！好笑也可以賺錢，沒什麼比這更好康的事了！書中他們從幽默如何在大腦運作開始，解析、培養、拿捏、應用，一步步帶領大家進入幽默的世界。

我個人因為多年在學校與行政機關擔任行政職務，累積了不少領導與被領導的經驗，因此對第5章〈以幽默領導〉特別有感，經歷過的因為「沒有幽默感」或「沒有拿捏好幽默感」而導致的大型翻車現場也是不計其數（當然也包括自己翻的車）。但我可以很有自信地

說：溫暖加幽默，絕對是正向領導的重要元素。一個本身溫暖，願意為他人、特別是部屬著想的領導者，不但領導比較有效率，翻車時通常也會有比較多人願意一起幫忙，把他從車底下拉出來。

　　最後，我給讀者的建議是：盡量不要在人多或你想要留下好印象的人面前閱讀這本書，免得笑到嘿咕，有失氣質。當然如果你是奉行「我不尷尬，尷尬的就是別人」的自信者，那就另當別論了！

幽默使我們更有人性

艾德．卡特莫爾 Ed Catmull
皮克斯動畫工作室創辦人之一

我們來談談幽默吧！但首先，我們先來談談故事。典型的故事分成三幕，大致上是這樣運作的：第一幕告訴觀眾，問題是什麼，以及為什麼他們應該關心。第二幕是一切都出了問題，而且非常非常嚴重。第三幕，與現實人生截然不同，一切問題都解決了。然而，結局如何，就像現實人生一樣，總是出人意表。

在皮克斯（Pixar）製作的電影中，我們尋找那些有意義的故事，那些能夠引起共鳴的故事，那些從我們的集體經驗中浮現的故事，那些闡述歡樂與人生哲理、冒險與心碎的故事。他不只是一隻老鼠，而是一隻勇敢的小老鼠，還抱著成為世界一流大廚的遠大夢想。

我們發現，在基本的情感面上，與觀眾產生共鳴的最好方法，是以幽默感來傳達故事的意義。

事實上，在欠缺幽默感下，很難傳達更深的意義，因為一切會顯得太直接、太明顯，毫無說服力，彷彿在說教。沒人想聽一個戴著廚師帽的老鼠說教。

幽默不是開玩笑或隨口說說。想要引起共鳴，人物本身應該自然而然地流露出幽默感。那些在電影的敘事或角色的寓意中創造出幽默的空間與結構，才是真正為

觀眾創造意義的東西。

人生也應當如此。

我們都希望人生有意義。然而，有時工作與生活太認真、太辛苦了，使人感到庸俗，備感壓力。偶爾發揮一點幽默感，不僅可以助興，消除一板一眼的嚴肅感，也可以讓意義浮現出來。與同事、夥伴、家人、朋友相處時，任何出乎意料的時刻，都可能讓事情產生變化，使人保持警覺。那些出乎意料的時刻，就像艱辛的時刻一樣，決定你們的關係。在美好時光所培養的默契與關係，在局勢轉趨艱難時，更顯得彌足珍貴。

這不僅適用於個人，也適用於組織的領導者。

皮克斯打從創立以來，就面臨許多問題，而且都是困難、嚴重的問題，例如：資金問題、文化問題、失去優秀成員等等。在這些時刻，我發現，我以領導者的身分說什麼都不重要，那些話大家聽聽就算了，大家在意的是我如何因應。我必須承認失敗，並採取行動以展現真正的價值。

帶著健康的幽默感這樣做──以理智的視角、同理心與隨之衍生的人性──這是因應意外狀況及適應新現實的要件。言語無關緊要，重要的是行為與態度。

幽默感使我們更有人性，讓人深深產生共鳴與力量。發揮幽默感並不是輕忽正經事，那表示你即使面對嚴肅的事情，依然可以淡定地繼續前進。

皮克斯動畫裡的優秀主角在第三幕中就是這樣做，他們調適、改變、解決問題。在我們的電影裡，他們是

秉持著幽默這樣做，有時也會添加些許的嗆辣成分。

在嚴肅的工作中穿插輕鬆的幽默 —— 我們就是從這裡找到意義。

祝開卷有得！

前言

重力

與浮力

「浮力定律
可以取代
重力定律。」

——拉夫爾提（R. A. Lafferty），
　　美國科幻小說家

2016年10月的一個涼爽秋夜，十位行為科學家與講師一起站在芝加哥的一個舞台上。我們這群來自史丹佛、哈佛、哥倫比亞、賓州大學的人，可以（也可能真的會）在睡夢中講授人類認知、人工智慧、人類福祉、全球財富分配、協商、決策等主題。

但那天我們同台不是為了講課（或睡覺）。

我們是去那裡演搞笑短劇。

學者就像商務人士一樣，不是以幽默風趣著稱（也不是以魅力、搞笑或可愛著稱⋯⋯我們都知道。）但我們十人齊聚在這個全球著名的喜劇劇場與培訓中心「第二城喜劇團」（The Second City），展開為期兩天的幽默高峰會，因為目前為止的研究清楚顯示：幽默對人類的心理與行為有深遠的影響。我們相信，這個新興領域可能成為商業領域中的一大競爭優勢。我們是說真的，沒蓋你。

那兩天，我們討論了這個領域做過的研究，並且集思廣益可能定義我們未來研究的新領域。我們探討的問題五花八門，從廣泛又崇高的問題（例如：幽默如何影響權力、信任、創意），到策略性的問題（例如：如何編笑話），無所不包。此外，我們也扔出一個假想的紫球，大喊一些無意義的發語詞；總之，就是假科學之名，亂喊一通。

第二城喜劇團的喜劇專家安・利柏拉（Anne Libera）和凱利・李奧納德（Kelly Leonard），為我們上了幽默技

巧的速成課。他們訓練過脫口秀主持人史蒂芬‧柯貝爾（Stephen Colbert）、演員史提夫‧卡爾（Steve Carell），以及一些不叫「史提夫」的藝人，像蒂娜‧費（Tina Fey）、克里斯‧雷德（Chris Redd）、茱莉‧路易絲－卓佛（Julia Louis-Dreyfus）。這門課程最後是在一場精彩的搞笑短劇中達到高潮。

那次幽默高峰會開啟了一場持續多年的探索，證實了那天讓我們一起同台演出的假設：從研究的角度來看，幽默是正經事。而且，當今的職場大多不大懂得利用這項法寶。

對有些人來說，這是因為他們對幽默的優點有根本的誤解：以為「重力」（gravity，也有「嚴肅」的意思）與「浮力」（levity，也有「輕鬆」的意思）是互相衝突的，但研究顯示事實並非如此。當我們不那麼嚴肅拘謹時，反而可以抒解那些阻礙嚴肅工作的壓力，與同事培養更有意義的關係，敞開心胸去接納更創新的解決方案。

對另一些人來說，他們至少直覺上知道幽默有一些效果，但是要他們發揮幽默感時，很少人知道該怎麼做。

這是個嚴重的問題。不知道怎麼發揮幽默感，除了擺著一大堆好處不用以外，對下列各方面也有可怕的影響：我們的身體健康（因為職場正在扼殺我們）、人際關係（因為人際關係是讓人幸福快樂的最大動力，偏偏我們卻變得越來越疏離）、團隊與公司（因為在瞬息萬變的世界裡，競爭越來越辛苦。）我們甚至覺得，有些人老是擺著一張臭臉，就是因為不懂得發揮幽默感。

　　我們寫這本書的目的，就是想改變這種現狀，以學術界所知最誘人的方式──行為科學（外加多位搞笑演員與商業領導者的幫忙）──來說明幽默對職涯、事業、生活的效益。在本書中，你會學到為什麼幽默的威力如此強大，為什麼大家沒有充分利用；最重要的是，你要如何善用這項法寶。

　　沒錯，我們說的就是「你」──親愛的讀者，亦即這本書的主角。

　　不過，關於你，我們就暫時先談到這裡。

關於我們

　　過去五年間，我們成天沉浸在幽默的研究中：珍妮佛・艾克（Jennifer Aaker）是行為科學家及史丹佛大學的講座教授，專門研究意義與目的如何塑造個人的選擇。娜歐米・拜格多納斯（Naomi Bagdonas）是專門培訓領導者與名人的高管教練，過去十年間，同時跨足企業策略與喜劇表演這兩個領域。

　　我們一起在史丹佛大學商學院開了一門課程，課程名稱是「幽默是正經事」（Humor: Serious Business）。在那門課程中，我們指導一些全球最有抱負、最聰明、最活潑的商業人士，如何運用輕鬆幽默來改變未來的組織與生活。我們的MBA學生修這門「幽默課」所拿到的學分，跟他們修「管理會計」與「金融交易策略」的學分

一樣。

很妙吧，但這也是正經事。

當初，我們是怎麼會想要開這門課的呢？對娜歐米來說，這一切是源自一位客戶某天不經意提到：

「娜歐米，我絕對可以猜出妳每週五晚上做什麼。」

邦妮是聘請娜歐米來當顧問的人，聽她說出這種話挺奇怪的。但是，邦妮與娜歐米相處三個月以來，兩人越來越熟。娜歐米是擔任策略顧問，負責監督那個幫邦妮的組織重新界定客戶體驗的團隊。那項專案的步調很緊湊，娜歐米與邦妮合作三個月以來，已經共事數百個小時了。

邦妮很真誠地描述娜歐米週五晚上是怎麼過的。她說，她想像娜歐米住在一間掛著風景畫、養了貓、牆壁漆成灰色的公寓裡，「熨著下週要穿的襯衫」。娜歐米請她多講一些，她猜那隻貓叫「凱特」（Cat，也就是「貓」的意思。）

真糗！

剎那間，邦妮彷彿舉起一面鏡子，照著專業的娜歐米，卻顯現出狼狽的真相：一個在工作上精明幹練的人，但完全失去了使她成為「真我」的快樂與性格。

更重要的是，邦妮的想像，確實與真相差距不遠。娜歐米一直過著「雙面」的生活──不是「白天上班、夜夜笙歌」的那種雙面生活，而是工作上的同事都不知道娜歐米利用晚上的時間鑽研及表演喜劇，而她那些搞

笑的朋友也不知道她白天為《財星》50大客戶提供諮詢服務。多年來，她小心翼翼地把這兩個世界分隔開來，畢竟兩邊看起來沒有「通用的技能」。

但仔細觀察後，娜歐米發現幽默在喜劇之外，其實擁有不可思議的威力——幽默幫助她塑造最有意義的友誼、化解緊張時刻、激發新觀點與同理心、說服他人採取行動，以及強化韌性，尤其是在遇到困難的時候，還可以使事情變得更有趣。

自從那次被邦妮看穿後，娜歐米開始以行動證明，她可以在辦公室獲得更多樂趣，把幽默感變成職場上的法寶，而且她也可以幫客戶做到那樣。

珍妮佛可沒有時間搞那些東西。

對她來說，幽默從來不是重點。當然，她很愛笑（這麼說彷彿她是什麼怪人似的），但是她對研究、寫作、完成任務更感興趣。

不過，2010年，與先生合著《蜻蜓效應》（*The Dragonfly Effect*）後，她徹底改觀了。那本書談論故事與社群可以在世界上推動正向的改變，出版後第一年，她與史丹佛大學的學生組織「100K Cheeks」合作，運用那本書所傳授的工具來實現一項目標：吸引10萬以上的人到美國國家骨髓資料庫註冊。

那時，她認識了阿米特・古普塔（Amit Gupta），那是她合作的十七名患者之一。阿米特診斷出罹患白血病，需要骨髓移植，但他在國家骨髓捐贈計劃（National Marrow Donor Program）中，找不到完美的配對者。所

以，他和朋友竭盡所能地尋找南亞人，說服他們到骨髓捐贈銀行註冊。

　　儘管阿米特陷入人生中最陰暗的時刻，但珍妮佛看到他——以及他的朋友、家人與同事——設法把輕鬆與幽默融入他號召的活動細節中。

　　在阿米特的網站上，訪客可以看到他穿著一件傻里傻氣的紅色T恤，臉上掛著一樣傻里傻氣的笑容。「捐贈骨髓的流程與捐血相似，不會痛，但很無聊。」他以輕鬆的口吻在Twitter[※]及Tumblr上發布尋找骨髓捐贈者的訊息。他辦了一場居家型的骨髓檢測活動，並開玩笑說，賓客應該「自帶南亞身分」（BYOSA: bring your own South Asian）。[#]他也在紐約市的時髦酒吧裡舉辦「檢測派對」。他甚至與DoSomething.org合作，號召搞笑演員來參與這項活動，例如：與阿茲・安薩里（Aziz Ansari）及「星爵」克里斯・普瑞特（Chris Pratt）合作輕鬆（但感人）的公益廣告，呼籲學生「give a spit about cancer」（為癌捐口水）。^{##}

　　結果這招真的奏效了。2012年1月20日，阿米特找到一位完美的配對者。

　　阿米特面對死亡逼近的同時，也培養了輕鬆面對生

※編按：2023年7月起改名為X，本書維持事件發生時及作者寫作時的舊名Twitter（推特）。

＃譯注：有些派對會標注BYOB或BYO，那是「bring your own bottle」或「bring your own booze」的縮寫，意指「請自帶飲料」或「自帶酒水」。

＃＃譯注：作者使用「give a shit about」（在乎、關注）的諧音。現在骨髓捐贈註冊只要驗口水（spit），就能知道骨髓是否配對相符。

死挑戰的心態。這使得他及周遭的每個人在鼓勵大家註冊時，更有動力、更機靈，也獲得更多的成果。看到阿米特堅持不懈、努力號召活動，最終戰勝了致命疾病後，珍妮佛意識到，幽默能以她意想不到的方式驅動人心。

這些經驗使我們兩個意識到，我們嚴重低估了幽默轉變工作及生活的潛力，因此開始深入研究這兩個領域。

娜歐米更深入鑽研喜劇，她搬到洛杉磯，師從她的喜劇偶像，並在脫口秀俱樂部「正直公民大隊劇院」（Upright Citizens Brigade Theatre）接受訓練，同時把喜劇原理融入她指導的高管課程中。

珍妮佛則是轉向研究，尤其是研究幽默的行為科學，了解幽默如何影響人們的動機、決策、情緒、身體健康，以及如何利用幽默在世界上擴大影響力，同時開懷大笑（但不至於給人詭異的感覺。）

不過，真正神奇的事（就像大衛魔術把自由女神變不見那麼神奇），是發生在我們把各自的世界結合起來的時候。

我們是在2014年結識的，當時珍妮佛邀請娜歐米到她開的「故事的力量」（Power of Story）課程擔任客座講師，談一個完全無關的主題：如何有效地把故事與資料融合在一起。

娜歐米講課時，珍妮佛驚訝地看到，學生一邊學習神經化學大腦系統與因素分析，一邊笑得歇斯底里。

這個現象值得再說一遍：他們一邊學習神經科學與統計方法，一邊開懷大笑。更重要的是，珍妮佛注意到，學生整個學期持續應用娜歐米傳授的概念，而且在上完課八週後，依然清楚記得那些概念。

學期結束後，我們打電話交流。那次通話從簡單的授課回顧，變成熱情地探索一些促使我們寫這本書的問題：如果我們把幽默的行為科學與喜劇原理結合起來，並以一種有利商務的方式來應用，那會是什麼樣子？那樣做，會不會使得人際關係變得更深厚，讓人在工作上變得更加得心應手、更快樂，從本質上轉變公司、甚至轉變世界？

於是，我們開始削尖筆桿，振筆直書。我們寫這本書，就是為了回答上述的問題。

我們做了什麼？

過去六年間，我們的合作關係包括不計其數的研究、在現實世界中做實驗，並在過程中培養了美好的友誼。*具體來說：

我們的研究涉及166個國家逾150萬人，目的是為了了解幽默是如何運作的；幽默為何有效或無效；幽默感在人的一生中及不同的文化中有何差異；幽默與地位的

---

*作者注：一位學生在課程評鑑中寫道：「她們親密得有點肉麻。」

微妙關係，尤其是如何讓自己從無趣變得比較有趣。

　　我們深入研究了許多學科的實證研究，包括心理學（例如：決策與動機）、社會學（例如：社會運動與敘事身分）、神經科學與生物學（例如：大笑的大腦化學與生理學）。接著，我們又鑽研了更多研究，純粹是因為好玩。

　　我們到一些全球最頂尖的喜劇組織接受培訓，從第二城喜劇團的搞笑短劇，到正直公民大隊劇院及底池劇場（Groundlings Theater）#的即興喜劇，都有我們的足跡。我們花了數百小時練習，並在燈光昏暗的即興劇場中表演，一次又一次地體驗失敗的感覺，從而慢慢精進技巧。

　　我們搭機飛遍全美，採訪真實的喜劇演員，請他們分享心法與祕訣**。我們請諾曼・李爾（Norman Lear）談論如何運用文化脈絡來展現幽默；訪問惡搞媒體《洋蔥報》（The Onion）的創辦人史考特・迪克斯（Scott Dikkers），了解他的創作流程；採訪搞笑演員莎拉・古柏（Sarah Cooper），了解她拍對嘴影片的靈感；在《今夜秀》（The Tonight Show）的後台走廊上，直接訪問節目主持人吉米・法隆（Jimmy Fallon）；送了一把削好的鉛

譯注：Groundlings 是戲劇名詞。在英國伊莉莎白女王一世時期，是指站在舞台正前方的凹陷平台（如同現在的樂池）看表演的觀眾。既然是拿最便宜的票，這些鑑賞力不高的觀眾往往很難受到控制，因此許多低俗幽默的台詞與肢體動作都會刻意對著他們表演，以取悅他們。如今，groundling 泛指劇場中廉價座位的觀眾或缺乏鑑賞力的人。

** 作者注：我們搭的是經濟艙，不是私人專機。

筆給賽斯‧梅爾（Seth Meyers），因為他有一次以幾乎聽不到的低聲說他好愛削好的鉛筆。我們的採訪流程很專業、很上道，完全不會給人一種瘋狂粉絲的感覺。

我們採訪了數百位各行各業的領導者。我們訪問了許多公司的執行長，從Twitter與Google之類的科技龍頭公司，到安霍創投（Andreessen Horowitz）之類的創投公司、IDEO之類的創意顧問公司，再到《不搞笑，毋寧死》（*Funny or Die*）和《週六夜現場》（*Saturday Night Live*）之類的搞笑節目。我們也採訪了一些政治領袖，例如：前美國國務卿馬德琳‧歐布萊特（Madeleine Albright），討論事關重大時，幽默如何幫助她在外交與談判上發揮效用。

我們花了一個小時跟一隻溫馴的狗玩拋接球遊戲，只是想藉此休息放鬆一下。

我們看了一堆喜劇。娜歐米花了數百個小時，自己去看即興表演及脫口秀，因為她的交友速度無法滿足她的成癮研究速度。珍妮佛把1975年以來的每集《週六夜現場》都看遍了；把崔佛‧諾亞（Trevor Noah）的著作《以母之名》（*Born a Crime*）列為她的孩子與學生的必讀書籍（但學生是自願選修那堂課的）；看了好幾遍約翰‧莫藍尼（John Mulaney）的《逆轉勝小子》（*The Comeback Kid*），把他的台詞背得滾瓜爛熟，經常不由自主地脫口而出。

我們也針對我們想出的搞笑點子進行壓力測試，確保它們真的好笑。

我們去顧問公司舉辦研討會，例如麥肯錫（McKinsey）、德勤（Deloitte）、福瑞斯特（Forrester），也去一些非顧問業的公司。重點是，如果連管理顧問都可以學習運用幽默了，每個人都有希望發揮幽默感。

我們把這些原則融入演講及高管與名人的培訓課程中，從《今夜秀》與《週六夜現場》的錄影，到公司的全員會議、政治競選場子，再到聯合國論壇上的演講，任何情境都可以套用。

我們為數百位史丹佛的MBA及高管授課，他們以出乎意料的方式落實了我們傳授的原則。例如，一位連續創業家為創辦的公司寫了一份幽默風趣的宣言；一位工程師打造了一座裝置藝術，呈現出幽默的文化細節；一位食品科學家製作了一本漫畫，呈現出她與男友的生活，藉此向（當時的）*男友求婚……，像這樣的例子不勝枚舉。

我們在做上面那些事情時，一再發現我們的研究結果與「重力與浮力」這種錯誤的二分法背道而馳，也發現輕鬆幽默的生活有很大的好處。如果說我們的研究證實了什麼，那應該是：為了解決正經嚴肅的問題，不需要把自己看得太重。

在重力與浮力之間拿捏平衡，可以讓兩者發揮更大的力量。

＊作者注：一個關於「當時的男友」的故事，可能有兩種結局，這裡是好的結局。

當然，這也是我們撰寫這本書，以及你想閱讀這本書的原因。

本書概要

如果你跟我們認識的商務人士一樣，可能會很喜歡策劃行動及規劃藍圖，甚至可能還會寫教戰手冊。下列是後續幾章的概要，供您參考。

第1章：幽默懸崖。在學習在工作上更有效地發揮幽默感之前，我們需要先了解是什麼因素阻礙了我們。我們將破解四種有關職場幽默的常見迷思，並分享一套重要的架構，幫助大家了解輕鬆、幽默、喜劇之間的關係。接著，我們會探索四種不同的幽默風格，幫你找出你的類型。畢竟，誰不喜歡有效率的分門別類？

第2章：大腦的幽默運作。我們將深入研究科學：了解大腦對幽默與笑聲的先天反應；而行為研究已經證明，幽默（及其他因素）有助於提高認知狀態，加快有意義的聯想，激發創意與創新，提高韌性。

第3章：搞笑解析。接下來，我們會深入研究喜劇世界，了解讓事情變得幽默好笑的關鍵，訓練大腦從不同的角度看世界，運用專業喜劇演員的技巧來塑造幽默。

如何靠幽默感減掉18公斤（你也可以！）。開玩笑的！第4章跟這個一點關係也沒有，真正的問題是……

第4章：發揮幽默感。也許你憑直覺就知道幽默的

威力，生活中也充滿了幽默感，但難以把它融入職場中。我們將分享一組簡單的策略，幫助你在日常工作中多發揮一點幽默感。

第5章：以幽默領導。任何從組織基層爬上高層的人都知道，地位高低會以多種方式改變遊戲規則。我們會探索為什麼幽默是一種強大的領導策略，並以前幾章介紹的工具為基礎，說明一些卓越的領導者如何善用幽默來強化權力，同時博得部屬的信任。引述領導大師約翰・麥斯威爾（John Maxwell）的犀利說法：「如果沒有人追隨你的領導，你只是在散步。」

第6章：打造幽默的文化。組織文化就像帝國或嬰兒，無法靠一個人獨自創造出來。相較於一個善於展現幽默感的領導者，打造一個讓大家自然而然發揮幽默感的環境，效果更加強大。我們將說明幽默的文化如何幫助團隊與組織蓬勃發展，以及如何以循序漸進又有意義的方式來改變文化。

第7章：拿捏幽默的分寸。每個人覺得好笑及恰當的標準各不相同，任何人都無法每次拿捏得剛剛好。我們將探討幽默失靈的原因，了解該怎麼善後，提供你一套工具。萬一你逾越了分界，那套工具可以幫助你辨識失言、診斷情況、適時打圓場。此外，我們也會提醒你，不要耍白爛。

第7.5章：為什麼幽默是人生的祕密武器。別誤會了，我們都希望你成為商業鉅子，但我們除了在乎你的職涯發展之外，也希望你能夠運用本書的概念，過更

好、更充實的生活。我們將探討為什麼本書的概念不只適用於職場，更能在生活中發揚光大。

安可：創造你的蘋果時刻

我們在第二城喜劇團參加了為期兩天的高峰會後，開始收拾東西（包括想像中的紫球），告別夥伴，並在芝加哥歐海爾機場分道揚鑣。娜歐米走到登機口前，發生了一件很平常的事。

她在機場的商店買了一顆蘋果。

她走向收銀台，問收銀員那些堆成金字塔狀的蘋果是要賣的嗎？收銀員一聽，上下打量了娜歐米一下，接著簡短地回應：「妳想買的話，就排隊結帳吧。」於是，她去排隊了。她看著收銀員不耐煩地以簡短的話語，回應一個又一個顧客，語氣比堆在她面前的蘋果還酸。

輪到娜歐米結帳時，她其實只需要簡單地說：「我想買一顆蘋果。」但是，她因為整個星期都沉浸在喜劇世界裡，覺得這是在人際互動中增添一點幽默感的機會。

於是，她面帶微笑地說：「我可以買一顆『妳最喜歡的』蘋果嗎？」

那女人愣了一下，一臉困惑地說：「我最喜歡的？」

「對，妳最喜歡的。」

那女人突然露出了一抹微笑，剎那間，一切都變了。她開始在一堆蘋果中翻找，先是自顧自地笑了起

來，接著娜歐米也跟著仔細檢查每顆蘋果時，她們都笑了。娜歐米拿著蘋果結帳時，女人仍舊面帶微笑，並對她說：「不用了！我最喜歡的蘋果不用錢。」

　　這本書的目的，就是要幫助你尋找並創造你的蘋果時刻。你將學到一些工具，幫你把幽默融入大大小小的時刻——無論是向團隊推銷想法，或是在機場的商店買水果，添加一點幽默感就能改變互動、培養關係，讓對方知道你在乎他。了解幽默背後的科學、機制，以及在大腦中、事業中、生活中的應用，可以改變我們看待世界的方式，也可以改變世界看待我們的方式。

　　我們這就開始吧！

第 1 章

幽默

懸崖

「幽默
是人類
最大的福氣。」

—— 馬克・吐溫（Mark Twain），
美國作家、幽默大師

這是史丹佛商學院春季課程的第一天，五十名學生興高采烈地魚貫進入講堂，有些人仍懷疑他們註冊的這門課，是不是校方精心策劃的玩笑。「幽默是正經事」這門課即將登場。

牆上布滿了白板，所有的桌椅都有輪子以便重新排列。這是理想的上課環境，但打瞌睡很容易被逮個正著。珍妮佛當起了DJ，播放著大衛‧鮑伊（David Bowie）的歌曲〈反叛者，反叛者〉（"Rebel Rebel"）。娜歐米剪了一段《週六夜現場》的精彩片段，等著一上課就播放。

然而，整個課堂上瀰漫著焦躁不安的氣氛。

每學期開課時，我們都會請學生填一份「幽默調查」，那是一種自省練習，也是可怕的自我測驗，以了解他們如何在生活中運用幽默。*問題包括「生活中，誰或什麼東西讓你笑得最開懷？」、「你覺得周遭哪個人最好笑？」、「請交出你上個年度的收入、開支和資產的完整報表。」**

也難怪學生各個人心惶惶：幽默感就像肌肉，不常用就會萎縮。遺憾的是，我們開始接觸大量的學生與高管後，發現這種萎縮現象比比皆是。光看底下這題的回應，就可以看出端倪：「你上次真正大笑是什麼時候？」

＊ 作者注：這是最有趣的調查，因為調查的焦點是你覺得好笑的東西，而不是逃稅，除非你覺得那很好笑。

＊＊ 作者注：嚇到了吧！原來這真的是美國國稅局的調查。

「坦白講，我不記得了。這樣很糟嗎？」

「我一直想，但是完全想不起來！我知道我有笑，至少我記得是這樣，但現在我卻開始懷疑自己了⋯⋯」

「週二，我完全沒笑，一次也沒有。誰知道幽默課竟然會那麼沉悶？」

關於這些回應，我們想安慰大家：這些學生並非特例，今天也不是週二。*

幽默懸崖

幽默感的集體喪失是個嚴重的問題，困擾著全球各地的人與組織。我們都一起掉入了幽默懸崖，[1] 跌進了嚴肅的深淵。

在這個深淵的底部，還有上百萬人加入我們的行列。這是蓋洛普針對 166 個國家共 140 萬人所做的調查結果，這份調查顯示，我們每天大笑或微笑的頻率，從 23 歲左右開始驟降。

某種程度上來說，這種趨勢看起來很有道理。小時候，我們笑個不停。一般的 4 歲孩童，平均每天笑 300 次[2]（相較之下，一般 40 歲的中年人，平均每兩個半月才笑 300 次。）後來，我們長大了，進入職場，突然變成「正經又重要的人物」，需要收起笑聲，換上套裝，打上領帶。

---

* 作者注：這句話剛好矇對的機率是七分之六，所以我們就放膽說了。

全球幽默懸崖

（蓋洛普 2013 年資料，n = 140 萬）

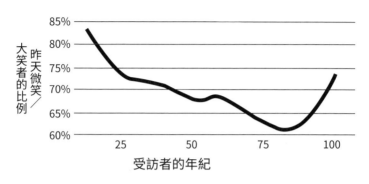

用不了多久，我們埋首在各項截止日期、財報、簡報、會報中，失去了輕鬆開朗的心態。職場環境充滿了令人眼花撩亂的複雜動態，壓抑了我們的詼諧逗趣，處處充滿難以衡量及迴避的社交地雷。因此，多數人在互動時，會盡量把握分寸，保持謹慎和專業。每天上班時，把幽默感及真正的自我留在家裡。

這種應對方式顯現出大家對職場運作 —— 如何解決重要問題、如何為人處事、如何成功—— 的根本誤解。

職場不需要更多的「專業素養」，而是需要更多的真實自我、更多的人際連結，尤其現在視訊取代了面對面接觸，更多的人際關係全靠電子郵件來維繫。我們往往只需要動用一點輕鬆幽默的技巧，就可以把一個時刻或一段關係，從單調的事務性交易，轉變為真誠的人際交流。

究竟是什麼因素阻礙了我們？

我們的研究顯示了四種常見的誤解，我們稱為：

四個致命的幽默迷思[*]

我們訪問各行各業、不同層級的七百多人，了解是什麼因素阻礙他們在職場上發揮幽默感。最後，我們歸納出四個主題，每個主題都源自一個需要破解的迷思，接下來就是我們的「迷思破解指南」。

正經迷思

多數的受訪者表示，他們認為幽默感在嚴肅的職場上毫無生存空間。

在職涯早期，這種迷思往往是因為我們覺得自己太菜而缺乏安全感——這時我們還不知道，其實沒有人真的什麼都懂。我們擔心發揮幽默感，可能會破壞自己的可信度，得不到重視。

然而，羅致恆富公司（Robert Half International）與霍奇－克羅甯公司（Hodge-Cronin & Associates）對數百位高管所做的調查顯示，98％的受訪者表示，他們比較喜歡幽默的員工；[3]84％的受訪者認為，有幽默感的員工在工作上表現得更好。而且，幽默感不僅影響領導者對我們的觀感，也會影響同事看待我們的方式：展現幽默

＊作者注：我們曾經讀過，在標題中加入「致命」兩字，大家更有可能（1）讀後面的內容；（B）認真看待那些內容。此外，《神奇又神祕的4》（*The Magical Mystery Four: How Is Working Memory Capacity Limited, and Why?*）的作者尼爾森・考恩（Nelson Cowan）也說，[4]這個數字既「神奇」又「神祕」，所以當我們發現是四個迷思時更開心了。（對了！考恩的書要是在書名裡加入「致命」兩字，可能會更暢銷。）

感，可以讓同事更看重我們，並支持我們擔任領導角色。

隨著職級的升遷，這種誤解也不斷演變。地位越高，受到的檢視越多。當我們站在越來越大的舞台上，會覺得自己有必要向股東、客戶、同事展現出更專業、更「莊重」的樣子。此外，領導者也指出，地位越高，他們承擔公開角色的職責時，更難展現真實自我。

但如今，他們比以往更需要做到兩者兼顧。

現今的領導者面臨信任危機；近一半的員工表示，對領導者缺乏信任，是影響其工作績效的最大原因。[4]

更重要的是，員工被問及哪些特質會使他們對領導者產生信任時，最常見的回應是：「知道領導者克服了哪些障礙」、「說話平易近人。」這些回應都指向一個事實：現在的員工渴望更真實、更人性化的領導者。也就是說，領導者確實需要抱負，但並非完美無瑕。幽默是一種強大的領導策略，它讓人顯得更通人情，打破障礙，平易近人，但不失威嚴。（事實上，這種策略實在太強大了，我們甚至為此寫了整整一章，真要命。）舉個例子：員工覺得，善於自嘲的領導者，可信度及領導力較好。[5]雖然老闆可能覺得自嘲的幽默感沒多大的效益，但那些效益都是真實的。

而且，發揮幽默除了可以向員工傳遞訊息以外，這種在嚴肅工作與輕鬆娛樂之間拿捏平衡的文化，也可以提高團隊績效。一項研究鎖定超過五十個團隊，分析他們預錄的團隊會議，以及主管對團隊表現的評價。[6]一次是馬上分析，另一次是兩年後再做分析。他們發現，團

輕鬆有利於平衡

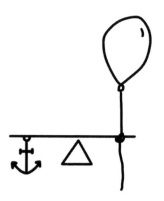

隊互動中是否有幽默的交流，可以用來預測現在及兩年後的部門溝通及團隊績效。輕鬆歡樂的文化，讓團隊更蓬勃發展，尤其是在風險高、遇到困境的時候。

當然，我們不該時時刻刻搞笑，因為那樣做也很累（而且適得其反）。但我們已經偏離幽默太遠了，職場上非常欠缺這項元素。本書提到的許多卓越高管之所以成功，關鍵在於他們能夠在嚴肅與輕鬆之間拿捏微妙的平衡，就像熱巧克力搭配冰淇淋一樣，兩者完美融合，也讓某樣東西——事業前景及血糖指數——急劇上升了。*

如果圖中那顆可愛的氣球竭力平衡那只錨還不足以令人信服，我們把麥克風遞給艾森豪總統吧！他曾說：「幽默感是領導力、人際互動、完成任務的必備要件。」

＊作者注：這裡值得注意「類比」與「對等」的區別。即使某樣東西很像熱巧克力搭配冰淇淋，也不表示它可以取代熱巧克力搭配冰淇淋。想知道差別何在，你可以試著告訴你的孩子，今天的甜點是「在嚴肅與輕鬆之間拿捏微妙的平衡」，看他們有什麼反應。

如果連天生不大風趣的艾森豪總統，都認為幽默感是贏得戰爭、修建公路、提防軍事工業複合體（military-industrial complex）的必要條件了，你最好也學會運用幽默感。

失敗迷思

很多學生或客戶非常擔心他們展現的幽默沒人理——如果我們每次聽到這種深切的恐懼都可以得到一美元，那該有多好。** 他們擔心笑話不好笑，導致大家尷尬地陷入沉默，或者更糟糕的是，隨後發現自己無意間冒犯了對方。

但研究顯示，我們誤會「失敗」了。不是每一種「失敗」的幽默都一樣，而且每次你成功讓人大笑，也不見得就是「勝利」。

過去幾年間，我們在第二城喜劇團結識的三位夥伴——布拉德・畢特利（Brad Bitterly）、莫里斯・史威瑟（Maurice Schweitzer）、艾莉森・伍德・布魯克斯（Alison Wood Brooks）——在華頓商學院及哈佛做了一系列的實驗，探索發揮幽默感對地位、能力、信心的觀感有什麼影響。[7] 同樣重要的是，他們也探討幽默「失敗」時，對地位、能力、信心的觀感有什麼影響。

在一項實驗中，他們針對這道面試問題：「你覺得

** 作者注：嚴格來說，每次學生表達這種恐懼時，我們確實至少獲得了一美元，因為每個學生繳的學費不止一美元，但我們頂多讓學生表達這種恐懼一次。

五年後的你在做什麼？」，整理出一份應徵者的回答。有些回答很嚴肅，有些回答比較幽默，例如：「在慶祝你問我這個問題五週年。」接著，他們請參試者閱讀那些回答，並針對應徵者的能力、信心、地位加以評分。

　　結果可能出乎你的意料。參試者在評估應徵者是否正面時，最重要的影響因素不是應徵者的回應是否讓他發笑，而是應徵者的反應是否恰當。換句話說，你的回應好不好笑並不重要；重要的是，你有沒有勇氣講笑話（這象徵你有自信），以及那個笑話是否適合當時的情境（這象徵你的地位與能力）。

　　底下這張圖歸納得很好：

　　右上角是你希望達到的最佳位置──別人對你的信心、能力、地位的觀感都提升了。「很好，正中紅心！」

　　我們的笑聲衡量器顯示，這張圖的左半邊通常是我

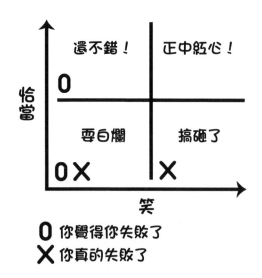

們所想的失敗：也就是說沒人笑。但是，如果你在左上角，其實你表現得還不錯！即使你的幽默感沒讓人笑出來，只要對方覺得你的幽默還算恰當，還是比較好——別人對你的信心觀感提升了，但是對你的地位或能力的觀感沒變。*

這張圖的下半部，是我們定義的「失敗」——別人覺得不適切的幽默，不管好不好笑。落入左下角及右下角這兩區，通常會降低別人對你的地位與能力的觀感。

當然，很少人想要落入圖表的下半部，我們都不會刻意這麼做，但是再怎麼優秀的人，也可能在無意間越界，這是一種切實存在的風險，尤其對身居高位或公眾人物來說更是如此。在本書中，我們將提供工具來減輕這些風險、避開常見的陷阱，並在失敗發生時，幫助你振作起來，記取教訓。

現在，我們先把焦點放在重新定義幽默的「失敗」上。讀完本書，你在發揮幽默感時，會更善於創造「真正」的勝利，避免那些不利的失敗。

好笑迷思

我們來看一個最棘手的迷思：為了在職場上展現輕鬆幽默，你必須「搞笑」。看起來很合理，對吧？但信不信由你，**比「搞笑」更重要的是，你只要傳達出「你**

---

* 作者注：當笑話的恰當性不明顯時，笑不出來也會使人覺得笑話不大恰當，可能會影響別人對你的地位觀感。這是大家習慣為最冷的冷笑話搭配罐頭笑聲的原因。

有幽默感」這樣的訊號就夠了。

即使你不喜歡搞笑，只要你明白幽默在職場上的價值，就能夠從中受益。光是讓人知道「你有幽默感」，就足以產生效用，尤其是你位居領導地位的時候。韋恩・戴克（Wayne Decker）的研究發現，部屬覺得，有幽默感的經理（不管經理覺得自己好不好笑），比一般經理更受尊重23％，共事時比一般經理更愉快25％，也比一般經理更友善17％。[8]

那麼，你該如何傳達「你有幽默感」呢？有時，光是聽別人講笑話就哈哈大笑，或是把握機會把氣氛變得更輕鬆都是很好的方法，甚至露出友善的微笑也能產生意想不到的效果。誠如Twitter前執行長迪克・科斯特洛（Dick Costolo）所說的：「你不必是房間裡最幽默風趣的人。在職場上展現幽默的最簡單方法，不是想辦法搞笑，而是找到哈哈大笑的時機。」

週末版的幽默懸崖

（蓋洛普2013年資料，n＝17.4萬）

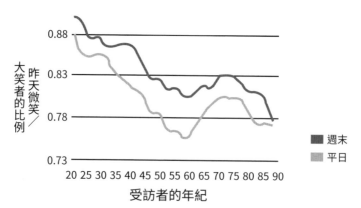

幸好,如果你像蓋洛普訪問的17萬4,000名受訪者那樣,你很可能早就在辦公室外經常這樣做了。資料顯示,平均而言,我們週末通常比工作日笑得更多。

所以,你早就一直在練習了。

切記,絕大多數的企業文化是介於「無聊得要命」到「正經八百」之間,通常只要加點歡樂,不必大肆搞笑,就能產生顯著的效果。例如,抓準適當時機輕鬆一下,讓人露出微笑,或者令人豁然開朗了然一笑,而不是一直想要創造「哈哈哈」的氛圍和反應。

天生笑匠迷思

喜劇演員的成功,需要天賦,也需要訓練。然而,太多人以為幽默感是天生的,而不是一種可學的技能。

換句話說,我們很容易以為,自己要不是天生具有幽默細胞,就是天生缺乏幽默細胞。誠如心理學家卡蘿・杜維克(Carol Dweck)所說的,我們擁有定型心態。多虧了杜維克教授及其同仁所做的研究,現在我們知道,我們以為某些領域是由基因編碼決定的(例如:智力與創意),其實不然,它們並非固定不變,我們可以透過她所謂的「成長心態」加以改變。[9]幽默不是一種全有或全無的基因編碼,而是可以透過訓練及經常運用來加強的技能,就像我們藉由健身房訓練、爬樓梯、在視訊會議期間趁「鏡頭故障」去開一下冰箱再回來等等,強化腿部肌肉一樣。

如果你需要證據顯示幽默是可以學習的,請跟我們

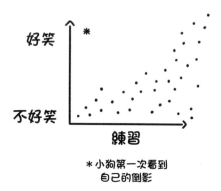

沒有人是天生笑匠＊

縱軸：好笑 / 不好笑
橫軸：練習

＊小狗第一次看到
自己的倒影

回到五年前的一個場景。當時全家人一致認為，珍妮佛是家裡最不好笑的人。那天，他們一家人在家享用外送的榮德寶比薩（Round Table）當晚餐。那時她才剛開始研究幽默的科學，一直在尋找新的「資料」。她決定做一次家庭調查，研究對象包括她的先生（安迪）、兩個兒子（庫伯與戴夫）與女兒（提雅·史隆）。

她提出的問題是：「誰是我們家最好笑的人？」

她一問完，三個孩子馬上低頭盯著眼前的蔬菜，安迪刻意做出拍打（無形）蒼蠅的動作。珍妮佛滿懷期待地傾身向前，等著聽答案。

結果是女兒打破沉默，她是家裡年紀最小的，也是最勇敢的。＊「爸爸是我們家最好笑的人！接著是我們。」她停了下來，環顧四周，看看是否遺漏了誰。

＊作者注：親愛的庫伯與戴夫，這不是真的，你們都一樣勇敢、一樣棒、一樣被愛。但是那一刻，提雅·史隆最直言不諱，那有時是一種勇敢的表現。

「還有我們的狗狗『麥基』，然後是妳。」

其餘的人默默但堅定地點了點頭，表示珍妮佛在家中的幽默地位不言而喻，而且不可動搖。

五年後的今天，在渴望發揮全球影響力及一雪前恥的動力推進下，珍妮佛寫了一本關於幽默的書。由此可見，你當然可能學習發揮幽默感。

我的幽默風格是哪一型？

每個人好笑的方式都不一樣。過去六年，我們做了一系列的研究，針對大家喜歡開的玩笑內容，以及最自然表達幽默的方式，來分析個體的差異。那些研究得出了四種主要的幽默風格：單口相聲、甜心、磁鐵、狙擊手。

了解自己的幽默風格，可以讓你更精準、更投入地發揮幽默感。閱讀下面的說明，可以知道你對哪一型最有共鳴。若想要做更徹底的評估，請上 humorseriously.com 做

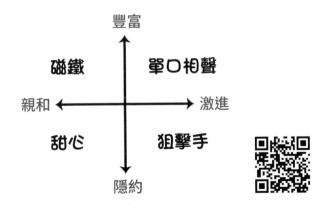

幽默風格問卷，你也可以做書末的小測驗。

四種幽默風格

　　首先，就像任何優秀的伐木工一樣，我們先來了解一下斧頭。橫軸與一個人展現幽默的內容有關，從親和型（健康、令人振奮）到激進型（肆無忌憚、比較暗黑）。[*,10] 縱軸是衡量傳遞的方式，從豐富（活潑、自發、愛現）到隱約（低調、預先計畫、細膩）。

單口相聲 Stand-up（豐富又激進）

　　單口相聲型是天生的表演者，為了博君一笑，他們不怕惹事或得罪人。他們是人來瘋，在人群面前自然就活躍起來，在群體中幾乎都是負責耍寶的人。單口相聲型認為，幾乎沒有什麼話題是不能開玩笑的，而且也不怕講髒話、耍黑色幽默、惡作劇或自嘲。他們的臉皮比較厚、比較敢講，也比較刀槍不入。事實上，即使他們變成大家的笑柄，他們也甘之如飴。

　　如果世界是你的舞台，你不介意犧牲一些尊嚴（或他人的感情）來博得大家哈哈大笑，你可能屬於這一型。

＊作者注：這套軸線的靈感，是來自羅德・馬丁（Rod Martin）與派翠莎・桃樂絲（Patricia Doris）的開創性研究，但我們定義這些軸線的方式與他們不同。值得一提的是，馬丁與桃樂絲早在幽默變成酷炫主題之前，就做科學研究及撰寫學術論文了。

甜心 Sweetheart（親和又隱約）

甜心型是認真、誠實的，不愛出風頭，比較喜歡事先計畫、低調的幽默。他們喜歡在演講或簡報中偷偷埋入笑點，而不是興致一來就開個玩笑。他們比較細膩、貼心，會避免傷害別人的感情，也不喜歡成為笑柄。他們把幽默視為一種讓大夥兒輕鬆一下、讓關係更加緊密的工具。

如果你比較喜歡開正面的玩笑，不喜歡成為大家關注的焦點，講話前喜歡先想好再講並顧及他人的感受，你可能屬於這一型。

磁鐵 Magnet（親和又豐富）

磁鐵型的人活潑開朗，善於激勵人心，維持正面熱絡的氣氛，避免爭議或冒犯型的幽默，同時散發個人魅力。他們展現幽默的方式通常很生動，有時甚至很滑稽，很容易自然而然地模仿及扮演某種角色。他們講滑稽的笑話時，經常自己哈哈大笑，因為實在太好笑了。別人講笑話時，他們也一樣捧場，大笑回應。如果你擅長即興搞笑（或別人說你應該這樣做），常在婚禮上炒熱氣氛（真誠又滑稽），參加完派對回家，總覺得笑到臉酸，你可能屬於這一型。

狙擊手 Sniper（激進又隱約）

狙擊手是犀利、諷刺、細膩的。他們為了博君一笑，不怕得罪人。他們覺得自己的幽默是一種「後天的

品味」，只有內行人才懂。他們表達幽默的方式，比較像是冷不防地放冷箭。在群體中，他們比較喜歡先在一旁觀望，默默策劃下一個金句。別指望他們輕易大笑，一般來說，要讓這種冷面笑匠笑出來，得費好一番心思，所以當他們真的笑出來時，更難能可貴。

如果你擅長面無表情地講出令人莞爾的金句，而且不怕得罪人，你可能屬於這一型。

靈活調整幽默風格

我們大多知道哪種幽默風格最適合自己，但這些標籤並非絕對的。我們的風格可能會隨著情緒、情況、觀眾的不同而變。有些人可能喜歡成為大家關注的焦點，跟三五好友出去時，喜歡放肆地講一些無禮的笑話，但面對人群時只分享一點嘲諷的觀點。或者，我們可能在家裡喜歡半開玩笑地挖苦另一半，但在職場上面對團隊時，則是維持輕鬆正面的幽默感。

事實上，你不僅可以改變風格，也應該改變。許多搞笑演員告訴我們，有效發揮幽默的部分關鍵，在於根據你對現場氣氛的解讀，適當調整你的內容及表達方式。例如，單口相聲型與狙擊手型是以挖苦對方的方式來表達關愛，但有時他們沒注意到玩笑開得太過火時，磁鐵型和甜心型可能會覺得他們的幽默令人不敢恭維。為了獲得大家的認同，單口相聲型與狙擊手型應該知道何時該收斂一點，掌握好分寸。相反地，磁鐵型與甜心型可能以放低身段的方式來抬舉他人，但在單口相聲型

與狙擊手型的眼中，太多的自嘲可能削弱自己的力量。

每個人的幽默風格不是一成不變的。了解自己的風格，並且知道何時改變風格對自己有利，是很強大的力量。在後面的章節中，我們將分享不同風格的故事。我們希望在讀完這本書之後，你會更了解如何隨著情境脈絡，以真實不造作的方式調整幽默感。

記得，商業界的幽默門檻很低。你的目的不是讓大家笑得前俯後仰、不能自已，你只是想創造一個共鳴時刻。通常，只要你抱著輕鬆的心態，就能轉變人際關係或交流時刻。

你可能會說：「這聽起來很簡單，我準備好了！等等，你說『輕鬆的心態』，那又是什麼東東？」

輕鬆、幽默、搞笑

健康心理學家兼作家凱莉・麥高尼格（Kelly McGonigal）針對「移動」（movement）與「運動」（exercise）這兩個概念做了重要的區分。她說，「移動」是你運用身體過生活；「運動」是一種有目的的移動。

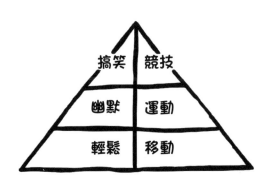

我們借用這個簡單但重要的區分，來向學生和客戶解釋我們傳授的根本概念：輕鬆、幽默與搞笑的區別。

輕鬆是一種心態，是欣然接受（及積極尋求）愉悅的狀態。「輕鬆」和「移動」都與我們在世界上遊走的方式有關：那是自然而然的，通常不假思索。兩者都普遍存在我們的一舉一動中，即使是細微的調整，例如：走路時抬頭挺胸，而不是無精打采，或是面帶微笑地從機場商店買蘋果，而不是擺著一副臭臉；兩者也對我們的感受和人際互動產生重大的影響。

輕鬆是一種與生俱來的本能，幽默則是有意為之。幽默是為了特定的目標而展現出輕鬆的樣子，就像運動是一種有目的的移動。我們在每個領域都有天生的偏好：你可能比較喜歡瑜伽、足球或騎單車，就像某類型的笑話、模仿或搞笑表演比較容易吸引你一樣。幽默有如運動，是可以磨練的，但需要技巧與努力。展現幽默的感覺很好，*我們也知道幽默對身心都有益，但有時那是需要付出心血練習的。

搞笑則是把幽默當成一門有條理的學問來實作。就像競技運動一樣，搞笑需要熟練的技巧及大量的訓練。脫口秀、即興表演、短劇，都需要不同的專業技能，就

---

* 作者注：這有充分理由：笑的時候，會釋出許多跟運動時一樣的神經化學物質，產生類似「跑者愉悅感」（runner's high）的感覺。笑和運動除了讓人產生相似的愉悅感以外，也有助於人際關係及抗壓。所以，從某種程度上來說，健身教練吉莉安・麥可斯（Jillian Michaels）和搞笑演員艾米・舒默（Amy Schumer）從事本質上相同的工作。

像籃球、足球、曲棍球需要不同類型的運動能力。只有少數人是職業選手,不是每個人都想達到那樣的水準,也不是每個人都能做到。

本書的目的不是把你變成搞笑專家,我們不會教你像喜劇演員愛咪·波勒(Amy Poehler)那樣即興表演,或是像脫口秀主持人史蒂芬·柯貝爾那樣講笑話。不過,我們會像業餘運動員觀察及仿效職業選手那樣,研究他們的一些技巧;更重要的是,我們會教你以更輕鬆的態度在這個世界上徐徐前行,幫助你磨練、展現獨特的幽默感。

麥高尼格說:「一般人聽到『運動』,經常驚慌失措。」同樣地,學生走進我們的課堂時有些也會忐忑不安,擔心我們覺得他們應該先天充滿幽默感。其實,我們只是想要鼓勵他們接納及發揮人類與生俱來的「輕鬆」心態,就像麥高尼格希望大家體驗「移動」的樂趣那樣。

如果說我們希望透過這本書達成一個目標,那應該是讓你的日常生活中充滿更多的輕鬆感。雖然我們也希望你能在下一場全明星賽中擔任隊長,但我們更希望下次你聽到一首好歌時,可以從沙發上站起來跳舞。

咱們回到課堂上

現在,你或多或少已經跟上我們史丹佛商學院的學生了。[**]他們做了幽默調查(你等一下也會做到,請繼

[**] 作者注:這表示你獲得了某種榮譽學位,恭喜!

續讀下去！），準備開始關注生活中的幽默細節——在哪裡發現幽默、笑點在哪裡、誰展現那些幽默、如何以最自然的方式展現幽默。

經過整個學期課程後，學生有如脫胎換骨，經歷了深刻的轉變。一開始大家都很拘謹，通常一點也不好笑——別忘了！有人說：「週二，我完全沒笑，一次也沒有。誰知道幽默課竟然會那麼沉悶？」到了學期末課程結束時，學生表示，他們的生活中多了許多樂趣和歡笑。

所謂的轉變，不只是他們變得更有趣了，他們也更樂於開懷大笑。他們注意到以前錯過的幽默機會，而尋找愉悅的理由，變成了一種習慣。

他們確實學到如何更流暢地移動、如何以更好的形式運動，以及如何參與他們最喜歡的競技運動，並且獲得更好的成績——你在讀完這本書之後，也會收受一樣的效果。當你在微笑的懸崖上走來走去時，會驚訝地發現，你遇到的許多事情，都可能把你推落懸崖。所以，請跟著我們說一遍：

「我承諾會多笑一點，即使是週二。」

幽默調查（Humor Audit）*
在我的生活中，幽默是什麼樣子？

這項練習的目的，是為了讓你注意到你那獨特的幽默感有哪些不同的面向，以便更輕易地即興發揮。切記，這是為了啟動一種輕鬆的心態，不是為了引起大家捧腹大笑。所以，當你回想幽默時刻時，也想想那些創造歡樂、喜悅、娛樂的時刻，甚至只是微笑的時刻。

1. 你上次真正大笑是什麼時候？
2. 生活中，誰或什麼東西讓你笑得最開懷？
3. 你上次讓別人開心一笑是什麼時候？
4. 你覺得周遭哪個人最好笑？誰懂你的幽默？

專業祕訣：如果你覺得這些問題很難回答，可以徵詢外部觀點。例如，請朋友、家人、同事幫助你回答這些問題。

反思：什麼令你驚訝？你覺得哪一題比較簡單或比較難回答？這使你意識到什麼或想到什麼問題？

---

* 作者注：歡迎你和會計師分享這份調查，不是因為這是一份真正的調查，而是因為會計師也需要開懷大笑。

第 2 章

大腦的

幽默運作

「幽默是
人類大腦
最重要的活動。」

——愛德華・狄波諾（Edward de Bono），
　　　　創意思考領域的重要權威

我們來談談雞尾酒吧！但不是以美味的龍舌蘭酒為基底的那種雞尾酒。

當我們笑的時候，大腦會釋放一種荷爾蒙的混合物（類似雞尾酒），讓我們感覺更快樂（多巴胺）、[1]更加信賴（催產素）、更少壓力（皮質醇降低），甚至略感欣快（腦內啡）。[2]在專業的互動中融入幽默，可以為同事提供這種效能強大的「荷爾蒙雞尾酒」，這麼做可以當場改變他們（與我們）的大腦化學反應。

但神經科學只是其中的一部分，還有大量的行為研究證實，在商業上運用幽默，有助於增加影響力、促進關係、增加創意、強化韌性。

- **影響力**：幽默感可以強化別人對我們的地位與智慧的觀感，影響他們的行為與決策，也讓我們的想法更深入人心、令人難忘。

笑，是一種
大腦雞尾酒

- **關係**：幽默感可以加快新關係的信任與自我揭露，而且隨著時間經過，可以讓我們對人際關係更加滿意。

- **創意**：幽默感可以幫我們看出之前沒注意到的關連，讓我們放心跟大家分享一些比較大膽或非正統的想法。

- **韌性**：幽默感可以抒解當下的壓力，讓我們更快從挫折中復原。

據傳馬克・吐溫曾說：「人類只有一種真正有效的武器，那就是笑。」了解這項祕密武器如何改變大腦的化學反應、心理與行為，我們就可以更熟練地加以運用。

接下來，我們逐一來看「笑」可為職場帶來的四大效益：影響力、關係、創意、韌性。

影響力

放鬆氣氛

娜歐米第一次在重要的工作場合上展現幽默，純屬意外。那件事就像所有的精彩故事一樣，是發生在會議室裡。

那時，她的職涯才剛起步，是在德勤溫室（Deloitte Greenhouse）工作，那是一群策略顧問所組成的特殊團隊，專門為德勤顧問公司的最重要客戶設計及舉辦研討

會。公司指派她去為一個高管團隊主持一場動態研討會，與會者大多比她年長15到20歲。當時娜歐米還很年輕，彷彿獨自搭乘一艘隨便拼湊的木筏，漂浮在一片布滿千鳥格紋套裝的汪洋上。

其中一位高管名叫克雷格，他一直擺架子，裝腔作勢，露出心不在焉、滿腹狐疑的表情。他用手掌托著後腦勺，肩膀放鬆，椅子往後仰，極盡所能地展現出輕蔑的姿態。他是那群人當中的大老，清楚地以肢體語言暗示誰是會議室裡地位最高的人。

當時，娜歐米正在解釋如何隨著個人風格，調整溝通方式。這時，克雷格打斷了她的話：「妳可不可以直接切入重點，教我怎麼讓團隊做我想要做的事？」

頓時，現場氣氛降到了冰點，彷彿電影播到一半背景突然傳來一陣莫名刺耳刮碟聲。

所有的人緩緩地把頭從克雷格轉向娜歐米。

她不假思索地調侃道：「克雷格，問得好！你指的是我開的另一門課：洗腦課。那是下週的課程，歡迎你來上。」

現場陷入沉默，感覺好像過了很久。娜歐米心想，她剛剛是不是自毀前程了？但下一秒，大家突然哄堂大笑，所有人都把目光轉向克雷格。

他剛剛的問題很尖刻，充滿了質疑，近乎無禮。但從現場的動態來看，克雷格顯然還不習慣遭到反嗆，尤其是被資歷遠比他淺的人嗆。不過，當天他第一次露出了笑容。

他說道：「我尊重妳。」把身子靠回椅背，「妳可以繼續講了。」

娜歐米回應：「謝謝，我正打算這麼做。」

現場氣氛幾乎立刻變了，在那場研討會的剩餘時間裡，克雷格都很投入，也很有禮貌。他的管理團隊也跟著這麼做，現場氣氛放鬆了下來。大家開始更自在、隨性地參與，提出更好的想法。娜歐米也跟著放鬆了，所以她上課的方式變得更生動活潑。更重要的是，娜歐米也覺得更貼近真我，從原本的戰戰兢兢變得更投入、更自然順暢。

課程結束後，克雷格與娜歐米聊了一下她的職涯，他看起來心情很好。娜歐米後來得知，克雷格寫信給她的執行長，說那次研討會辦得很好，並且特別稱讚娜歐米見解獨到、授課精彩——這觸發了一連串的事件，為她的職涯開啟了新的大門。

這一切都要歸功於一個有關洗腦課的小玩笑……又或者，其實那就是一種洗腦？

獲得地位

關於幽默的一個重要概念是，它與地位的關係。

我們在第二城喜劇團的夥伴（畢特利、史威瑟、布魯克斯），找來一群參試者做了一項研究。他們要求那些參試者為一家虛構的旅遊公司 VisitSwitzerland 撰寫推薦語，並向大家讀出自己寫的推薦語。但參試者不知道的是，前兩名「參試者」其實是研究助理，已經預先寫

好推薦語,其中一人寫得比較正經(例如:「這裡的山很適合滑雪及健行,很棒!」),另一個人寫得比較幽默(例如:「這裡的山很適合滑雪及健行,瑞士國旗絕對是一大亮點!」)。*

他們請參試者根據幾項特質來評分每個讀推薦語的人,結果讀幽默推薦語的人在能力、自信、地位方面的評分,比讀一般推薦語的人分別高出5%、11%、37%。[3]

換句話說,最後加上的那句玩笑話,明顯地左右了評價。

幽默不僅影響我們對他人的觀感,也影響我們對待他人的方式。在同一項研究中,他們要求參試者為後面

---

* 作者注:雖然看起來不像在開玩笑,但學術研究向來充滿枯燥的術語。只要加入一丁點輕鬆的字眼,就能把一大片枯燥的沙漠轉變成綠洲,美國企業界也是如此。

的任務挑選一位團隊領導者時，比較多人選那個讀幽默推薦語的研究助理當領導者。他們那樣選，完全是基於那句（也不是特別好笑的）玩笑話。

同樣地，那天與克雷格在會議室裡，娜歐米善用幽默展現勇氣、自信、機靈反應，因此強化了她在大家眼中的地位與權力。

感覺更聰明

研究一再發現，有幽默感（有展現幽默及欣賞幽默的能力）與智力高低有關。

在一項鼓舞人心的研究中，研究人員丹尼爾·豪雷根（Daniel Howrigan）與凱文·麥克唐納（Kevin MacDonald）請參試者以幽默的答案來回應荒謬的問題[4]（「如果你可以變成某種動物一天，你最不想變成哪種動物，為什麼？」），並且「為你會畫的每種動物，畫出最有趣、最好笑的樣子。」

接著，他們請一群匿名的評審來評鑑參試者的回答與繪圖的幽默度。結果，評審認為最好笑的參試者，在更早之前的智力測試中得分最高。*

有些人以戴粗框眼鏡、在大字典後方偷看漫畫，或假裝沒有電視機來偽裝自己很聰明，幽默則是不一樣，那是一種無法偽裝的智慧象徵。或者，套用蒂娜·費的

---

* 作者注：這裡為資料狂補充研究細節：研究人員發現，智力測驗成績與幽默評分之間有顯著的正相關。幽默評分平均每增加0.29個標準差，智力測驗的得分就增加1個標準差。統計資料是不是很有趣呢？

說法:「你從一個人為了什麼發笑,就能夠判斷他有多聰明。」

獲得(更多)你想要的東西

除了獲得地位、感覺更聰明以外,幽默在我們最意想不到的地方,也是一種強大的影響力工具:談判桌上。

在一項實驗中,研究人員凱倫·歐昆(Karen O'Quin)與喬爾·阿羅諾夫(Joel Aronoff)要求參試者與一位「藝品經紀人」(由研究助理飾演)商議一件藝術品的價格。研究助理對一半參試者開出的最後賣價,高於參試者最後開出的買價,而且他只說:「我的最後出價是X。」研究助理對另一半參試者也是開出較高的賣價,但最後面帶微笑地說:「我的最後出價是X……,再加送我的寵物蛙。」[5]

有趣的來了!多講「加送寵物蛙」那句時,買家願意支付的價格平均高出18%。更重要的是,買家後來表示,他們比較喜歡議價過程,覺得買賣雙方的關係比較不緊繃。

你想想,買家不僅付出較多,事後還覺得議價過程和買賣關係比較好,只因為對方面帶微笑地加了一句輕鬆的玩笑話。

在另一項研究中,研究人員泰瑞·庫茲堡(Terri Kurtzberg)、查爾斯·納昆(Charles Naquin)、柳芭·貝爾金(Liuba Belkin)把兩個參試者配成一對,請其中一人扮演招募者,另一人扮演求職者。在模擬的情境中,

他們透過電郵來協商薪酬，薪酬的每項要件（例如：薪水、獎金、保險範圍、假期）各有一個積分值。目標是透過協商，盡量累積積分值。在幽默組中，一對參試者中的一人（招募者或求職者）在模擬的情境開始之前，先分享一份有關協商的《呆伯特》（Dilbert）漫畫。

結果顯示，幽默組的積分值不僅比對照組高33％，幽默組那兩人對彼此的信任也比對照組高31％，而且他們對整個協商流程的滿意度也高了16％。[6]

幽默可以散發魅力，讓人卸下心防。即使是小小的輕鬆舉動，在協商中也可以發揮強大的效果，部分原因在於它們能夠刺激人際連結，當我們與人互動時，往往能夠獲得更多雙方都想要的東西。

脫穎而出，加深記憶

幽默也有助於記憶。幽默讓大腦的獎勵中心充滿了神經傳遞質「多巴胺」，促進更深層的專注及長期記憶。換句話說，展現幽默感可以讓你的內容在當下變得更有吸引力，而且在事後更加難忘。

皮尤研究中心的一項民調證實了這項發現：觀看《每日秀》（The Daily Show）、《柯貝爾報告》（The Colbert Report）等幽默新聞節目的觀眾，比從報紙、有線新聞或網路新聞獲得消息的人記得更多時事。[7]在一項研究中，研究人員在參試者做短期記憶的測試之前，讓一半的參試者先看一段幽默的影片，另一半的參試者則是坐著，什麼都不做。結果，先看幽默影片的人回想起來的資訊

量，是對照組的兩倍多。[8]

　　這招套用在課堂上也很有效。研究人員艾弗納．茲夫（Avner Ziv）在《實驗教育期刊》（*The Journal of Experimental Education*）上發表了另一項研究的結果：老師以幽默的方式授課時，學生記住的課堂內容較多，期末考的分數比對照組高出11%。[9]

　　所以，在政治人物的文膽團隊裡，有專業的喜劇演員並不少見。在2011年的國情咨文演講中，歐巴馬總統以下列例子來主張政府應該提高效率：「鮭魚在淡水時，是由內政部負責管理；但鮭魚一游到鹹水後，就由商務部管理了。」他停頓了一下說：「我聽說，一旦變成煙燻鮭魚後，情況又變得更複雜了。」現場哄堂大笑。*

　　美國全國公共廣播電台（NPR）對聽眾進行調查時，問他們對國情咨文演講印象最深刻的三個字是什麼，你猜得出來最多人提到的字是什麼嗎？[10]（參見下頁。）

　　誠如喜劇演員約翰．謝爾曼（John Sherman）所說的：「有人笑，就表示他們認真聆聽。」

＊作者注：不管你抱持什麼政治立場，都不得不承認歐巴馬的「冷笑話能量」很強。

2011年美國國情咨文演講調查的文字雲

關係

搭起橋梁

歐巴馬政府不是唯一知道如何在工作中找點樂子的政府。小布希總統的首席經濟顧問啟斯・亨尼斯（Keith Hennessey）告訴我們，小布希的幕僚常以逗趣、開玩笑、各種輕鬆的方式來拉近彼此的距離。

2005年，當時尚未出任美國聯準會主席的班・柏南克（Ben Bernanke），剛接任小布希總統的經濟顧問委員會會長。柏南克到總統辦公室，去向總統、亨尼斯、其他十幾位白宮資深官員做第一次重要報告。現場包括副總統迪克・錢尼（Dick Cheney）、資深顧問卡爾・羅夫（Karl Rove）、立法事務主任坎蒂・沃爾夫（Candi Wolff）、國家經濟委員會主任艾爾・哈伯德（Al Hubbard），那場報告的重要性不言而喻。

總統與顧問在總統辦公室中圍坐成一大圈。柏南克

開始簡報時，總統以輕鬆的玩笑話打斷了他的話——總統調侃他，竟然穿深灰色的西裝配棕色的襪子（時尚警笛響起）。

現場每個人都笑了。柏南克生性比較保守，又剛加入那群人，他馬上緊張了起來，但很快就恢復鎮靜並完成簡報。不過，會議結束後，亨尼斯和哈伯德都覺得，小布希的溫和調侃其實是在製造機會，讓他們可以聲援剛加入團隊的成員。

於是，他們策劃了一項詭計。

柏南克來向總統做第二次重要簡報時，資深顧問陸續走進總統辦公室。當他們就座時，都確保坐姿剛好露出腳上穿的棕色襪子。

現場爆出笑聲時，小布希總統也咧嘴而笑，他等於被大家將了一軍。他轉向副總統說：「錢尼，你相信他

2005年7月21日在總統辦公室開的「政策時間」（Policy Time）會議。小布希總統被一群穿著棕色襪子的資深顧問和副總統包圍著。

們……」，講到一半，他突然意識到錢尼也參與其中。總統舉起雙手投降，大家再次哄堂大笑。接著，柏南克與他的團隊開始簡報，這次比上次更活潑一些。

亨尼斯後來回憶道：「那是微不足道的小事，卻是拉近彼此距離的美好時刻。總統、副總統、所有顧問一起分享了那個歡樂片刻。」

我們訪問亨尼斯時，他鉅細靡遺地提到許多類似這樣的玩笑與惡作劇，例如：用保鮮膜把羅夫停在停車場的汽車包起來；用襪子玩偶解釋一項重要的經濟決策。亨尼斯解釋，在國家的最高職位處理一些最重要的議題時，輕鬆的態度可以創造信任感與凝聚力：「讓我們更容易為了總統及這個國家團結起來，通力合作。」

加速信任

已逝傳奇作家與詩人馬雅・安傑洛（Maya Angelou）說：「我不相信不笑的人。」這說法很犀利，而且有科學根據。

回到我們前面提過的「幽默荷爾蒙雞尾酒」：笑會刺激催產素釋放，一般稱為「信任荷爾蒙」，因為它會促使大腦建立情感關係。這也難怪性愛與分娩過程中，都會釋放催產素——從演化的角度來看，在這兩種時刻，親近及信任對方的感覺都讓我們受益，即使那是全新的關係。

在一項研究中，研究人員艾倫・格雷（Alan Gray）、布萊恩・帕金森（Brian Parkinson）、羅賓・鄧巴（Robin

在職場上增加
「信任荷爾蒙」的方法

處方	說明
性愛	嚴格來說是禁止的
分娩	醫學上不鼓勵
笑	沒有違反人資部的規定之虞

Dunbar）讓幾對陌生人坐在一起五分鐘，看一段影片。一半的參試者是看某部熱門電視喜劇的NG片段集錦（那段影片已經預先測試過了，確定可以引人發笑），另一半的參試者則是看情感中立的影片，例如：自然頻道的紀錄片，或是比較鮮為人知的《五十度灰階》（"Fifty Shades of Grayscale"）。*

研究人員要求參試者寫一則訊息給他們剛認識的人，剛剛看過NG片段的人透露了較多的個人資訊。接著，研究人員請一群觀察者為每組參試者的互動評分。他們覺得NG片段組的互動比較親密，而且親密度比情感中立組高了30％。[11]

總之，分享歡笑可以加速彼此的坦白與信任。更重要的是，那也是人力資源部允許大家在職場上釋放催產素的少數幾種方式之一。

---

* 作者注：只是灰色壁紙的投影片，也許不像《格雷的五十道陰影》（*Fifty Shades of Grey*）那麼熱門，但如果你正在重新裝修住家，應該很實用。

使關係更長久

分享歡笑不只在當下拉近彼此的距離而已，隨著時間經過，也可以持續強化人際關係。雖然棕色襪子的玩笑持續不到一分鐘，但亨尼斯表示，那個玩笑所創造的同袍情誼與凝聚力：「在會議結束後，依然延續很久。」

這個趨勢在實驗室中也獲得了證實。在一項研究中，心理學家桃莉絲・巴齊尼（Doris Bazzini）與同仁招募了52對夫婦，發給他們一份關係滿意度問卷。接著，他們把這些夫婦分成四組。

他們請第一組的夫婦描述過去三個月內他們「共同歡笑的時刻」：那些時刻發生了什麼事、什麼因素促成那些時刻，以及之後發生了什麼事。他們請第二組的夫婦描述「獨自歡笑的時刻」，亦即他們各自與其他人歡笑的時刻。他們請第三組的夫婦描述「共有的正面時刻」，亦即他們一起感受到彼此關係更好的時刻。他們請第四組的夫婦描述「個別的正面時刻」，亦即他們覺得自己和其他人關係更好的時刻。

研究結束時，他們請每一組的夫婦評價他們對婚姻關係的滿意度。結果，第一組的夫婦對婚姻的滿意度，比其他三組高了23％。[*,12]

你與同事之間也許沒有辦公室戀情，但浪漫關係與工作關係之間有不少相似之處。你只要比較一下上週你

＊ 作者注：想想看，為了達到這種效果，你願意花多少錢請婚姻治療師？看這本書根本物超所值！

與最親近的同事相處的時間，和你與另一半相處的時間，就明白了。**

創意

激發創意，促進創新

塑造一個讓員工創造出巧妙作品的環境，本身就是一門藝術。淺井弘紀（Hiroki Asai）擔任蘋果創意設計工作室總監時，以幽默作為創意思維的關鍵催化劑。

「恐懼是創意的最大殺手，」淺井弘紀解釋道：「幽默則是把恐懼隔絕在文化之外的最有效工具。」

對淺井弘紀來說，全員會議是最適合發揮幽默的地方，那是把他旗下的兩千多位創意人員聚在一起開會的場合。這種會議既正經又好笑，每次開會前的幾個月，他會先組一個團隊，要求他們精心策劃活動，讓會議上所有員工一起開懷大笑。有一次，他們拍攝了一段影片，影片中員工扮成「藍人樂團」（Blue Man Group）。#還有一次，他們播放了一系列的惡搞影片，那些影片看起來是

** 作者注：2019年美國勞工統計局做的「美國人時間使用調查」（American Time Use Survey）指出，一般人平均花十三年又兩個月的時間在工作上。相較之下，我們一生與朋友社交的時間平均只有328天，所以才會有那句經典諺語：「你應該拉近朋友，更應該拉近直屬主管。」

譯注：「藍人樂團」的演出結合音樂、科技與戲劇效果，由三位全身塗成藍色的表演者，以幽默、逗趣的默劇表演及特殊的舞台魅力吸引觀眾。

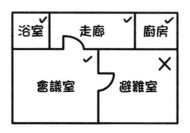

在追捕一名脫逃的男子——淺井弘紀本人。還有一次，一支快閃合唱團從觀眾席中走出來。這些活動的共通點是：它們都出乎意料而且令人大笑。

　　聚集整個組織時，每一刻都很重要。所以，淺井弘紀才會花那麼多心思，以不尋常的方式把大家聚在一起。在整個組織中，他親眼目睹恐懼如何侵蝕創作流程，以及輕鬆與幽默如何促進創意發揮。他說，幽默「把恐懼趕出系統」，讓大家更自由地思考，更開誠布公說話，更接納新的情境與方法。

強化心智敏捷度

　　為了了解笑與創意的關連，我們來看「鄧克的蠟燭問題」（Duncker's Candle Problem），這是心理學家艾麗斯·伊森（Alice Isen）與同仁發明的一種認知測試。

　　這是一種現實生活的腦筋急轉彎，參試者會拿到一支蠟燭、一盒大頭釘、一盒火柴，如圖中所示——沒

錯，那是蠟燭。

研究人員告訴參試者，他們的任務是用桌上的東西把蠟燭貼在牆上，而且當蠟燭點燃時，蠟油不能滴到桌面上。

正確答案是：把那盒大頭釘都倒出來，用大頭釘把盒子釘在牆上，做成一個放蠟燭的架子。這個答案看似簡單，但要想出這個答案，大腦需要先克服所謂的「功能固著」（functional fixedness）的認知偏誤——它使人難以看出如何以非傳統的方式使用某種物件，以本例來說，就是看出那個盒子除了裝大頭釘以外，還有其他的用途。

五歲的孩子沒有「功能固著」的跡象，[13]因為他們還沒學到支配成人世界的傳統規則——例如，牆壁就是牆壁，不是用蠟筆作畫的畫布；狗是寵物，不是讓人騎的小馬；豌豆是食物，不是塞進鼻子的東西。但我們長大成人後，很難看出一個物件除了既有的明顯用途以外，還有什麼可能性。

例如，把那個大頭釘的盒子拿來放蠟燭（參見下頁）。

為了了解幽默如何影響參試者解開這道難題的能

力，伊森和同仁讓一半的參試者在接受挑戰之前，先看一段情感中立的影片；他們讓另一半的參試者看幽默的影片。*

結果很驚人：幽默影片組解開難題的人數，是另一組的兩倍多。並不是歡笑使幽默影片組變得更聰明，而是歡笑幫助他們克服了「功能固著」的認知偏誤，[14] 看出新的關連、產生新的聯想（這正是所有創意流程的關鍵）。

表面上看來，蠟燭問題似乎微不足道。但誠如作家丹尼爾・平克（Daniel Pink）所說的，這種靈活應變的思維很重要，尤其在瞬息萬變的全球經濟中更是如此。由於低成本供應商可以更便宜地完成任務，人工智慧可以做到更快、更好、更便宜，如今死板僵化的例行性工作更容易外包出去或自動化。

---

* 作者注：《歡笑一籮筐》（*America's Funniest Home Videos*）在電視上播了好幾季，但我們在電視上看不到《情感中立一籮筐》（*America's Emotionally Neutralest Home Videos*），這不是沒有原因的。

　　現今的職場特別需要突發奇想及觸類旁通，我們經常面對像蠟燭問題這樣的挑戰，而贏家可能是那些拿著蠟筆在牆上作畫的人。

破框思考

　　幽默觸發大腦創意中心的強度，是簡單的腦力激盪所無法比擬的。南加大的奧瑞・艾彌爾（Ori Amir）與歐文・彼德曼（Irving Biederman）做了一個實驗。他們請洛杉磯底池劇場（Groundlings Theater）的專業喜劇演員、業餘喜劇演員、一般市民為《紐約客》（*The New Yorker*）的一幅插畫構思一句巧妙的圖說。一半的參試者是思考幽默的圖說，另一半是思考非幽默的圖說。在實驗過程中，兩組參試者都接受了核磁共振掃描（MRI），判斷大腦對這項任務的生理反應。

　　這裡先預告結果：喜劇演員想出來的圖說比較好。[15]但整體來說，結果顯示，參試者思考幽默的圖說時，大腦中與創意有關的區域，以及與學習及認知等高階功能有關的區域（時間聯想區域及內側前額葉皮質），活動較多。

　　更重要的是，有證據顯示，這種創意提升在最初的任務結束後，仍持續很久。麻省理工學院的貝瑞・庫佐維茲（Barry Kudrowitz）領導了一系列的研究，研究人員要求喜劇演員、專業的產品設計師和學生在腦力激盪測試後，為插畫思考圖說。結果顯示，喜劇演員不僅在腦力激盪測試中想出的點子比其他人多了20％，評審也覺得他們的點子比其他人更有創意，創意度高了25％。[16]

愛因斯坦曾說：「創意是智慧在找樂子。」所以，讓你的聰明才智盡情歡樂吧。

創造心理安全感

安心與工作表現有明確的關係。哈佛商學院教授艾美・艾德蒙森（Amy Edmondson）與同仁發現，心理安全感[17]——相信我們犯錯時不會遭到懲罰或嘲笑——使我們更加開放、有韌性、有動力、堅持不懈。換句話說，當我們有足夠的安心感，不會把犯錯看得太嚴重時，就有勇氣去承擔更大一點、更大膽的風險。

誠如淺井弘紀所言：「最終，輕鬆的文化可為員工創造一個安心的環境。當你感到安心、覺得有人領導你遠離恐懼時，你會更願意冒險，更有可能嘗試新事物，不怕遭到嘲笑或排擠。你會更願意創新，真正破舊立新。」

幽默之所以令人安心，關鍵在於笑。[18]即使你只是對「笑」有所期待，也可以使皮質醇（「壓力荷爾蒙」）與腎上腺素（「戰或逃」荷爾蒙）的濃度分別降低39％和70％，使你感到更安全、更平靜、壓力更小。

壓力減少時，工作表現更好。2007年，巴爾的摩記憶研究（Baltimore Memory Study）的研究人員衡量參試者唾液中的皮質醇濃度，接著以七項關鍵指標來測量他們的認知功能：語言、處理速度、手眼協調、執行功能、語言記憶和學習、視覺記憶、視覺構建（visuoconstruction）。[#]值得注意的是，研究人員發現，皮質醇（即壓力）濃度較低，[19]與七項測試中的六項表

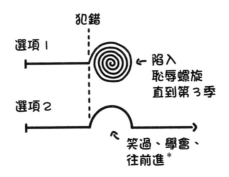

幽默幫助我們前進

犯錯

選項 1 ← 陷入
恥辱螺旋
直到第 3 季

選項 2

↖ 笑過、學會、
往前進*

*假設沒人打破這兩條規則

現較好有相關性（視覺構建不受影響，也不會因為你的
冷靜及無壓力程度而變。）

　　總之，笑會降低皮質醇，皮質醇的濃度越低，工作
表現越好。除非你是視覺構建相關工作者，那就不受影
響了。

韌性

生存與蓬勃發展

　　2001 年 9 月，邁克‧涅邁斯（Mike Nemeth）在西點
軍校就讀二年級。兩架遭到劫持的客機撞進曼哈頓以南

譯注：組建及手動操作空間資訊以做設計的能力，例如：玩拼圖、七巧板
等等。

五十英里的世貿中心時，他和同學目睹了那場毀滅性的災難展開。他們知道，他們的人生跟很多人的一樣，將從此永遠改變。他們幾乎可以確定，他們一定會被徵召出戰，戰爭感覺迫在眉睫。在這個嚴峻的時刻，涅邁斯誓言要盡其所能，提振其他同學的士氣。

他在軍營裡設立了一座地下幽默工廠，發行一份諷刺報紙。報上的標題，例如：「賓拉登與蓋達組織應為足球賽失利負責」、「軍校休閒裝在全球掀起熱潮」……主要是在調侃他們共同經歷的軍校生活及迫在眉睫的國際衝突。

他知道，萬一這間地下報社被發現了，校方可能強制他關閉。所以，他偷偷發送報紙，把它放在塑膠文件夾中，貼在廁所門的內側。他的報紙就是以這種方式觸及讀者的，因此獲得《中央廁報》（Central Stall）的名稱。

隨著廁所隔間內傳出的壓抑笑聲，那份報紙的消息開始在學生間迅速傳開。涅邁斯的同學偷偷為那份報紙貢獻點子，每天去廁所查看有沒有新報，變成了大家的習慣。

不久，校方發現了這件事。嚴格來說，涅邁斯違反了校規。但他們也看出他的報紙對學生們的影響——以微小但有意義的方式改變了大家的心情。於是，校方也就睜一隻眼閉一隻眼，不去追究。久而久之，校方與學生都把《中央廁報》視為凝聚西點軍校文化的關鍵。

在極度不確定、悲傷、緊張的時期，這種罕見的輕鬆時刻，幫助軍校學生因應難熬的新現實。誠如主張廢

奴的牧師亨利·沃德·比徹（Henry Ward Beecher）所說的：「沒有幽默感的人，就像沒有彈簧的馬車，路上的每顆鵝卵石都會帶來衝擊。」我們都需要一點緩衝來因應生活中大大小小的變動，幽默是我們擁有的最佳緩衝之一。

應對壓力

如今在職場上，維持健康比以前更難了。喬爾·高（Joel Goh）、傑夫·菲弗（Jeff Pfeffer）、史特凡沃斯·澤尼奧斯（Stefanos Zenios）最近做的研究顯示，[20] 長時間工作、工作不安全感、工作與生活失衡，使職場壓力加劇，每年導致至少12萬人死亡，占用的醫療費用高達1,900億美元。

換句話說，工作正在扼殺我們。

幸好，幽默具有強大的保護力。我們已經知道，笑可以抑制皮質醇——這是身體的安全警報系統，也與焦慮及憂鬱的風險增加有關。藉由控制皮質醇的濃度，幽默可以增強我們面對困難時的情感韌性。

幽默不僅有助於減輕壓力，也有助於因應極度的悲痛。

在一項研究中，研究人員達契爾·克特納（Dacher Keltner）與喬治·博南諾（George Bonanno）觀察了笑對喪親經驗的影響。他們招募了40位在過去半年內失去摯愛的人，請他們描述自己與逝者的關係。

研究人員回顧錄影訪談時發現，參試者談論摯愛時，若出現真實的笑〔也就是所謂的「杜鄉微笑」

（Duchenne laughter）〕，他們在隨後的問卷調查中提到的憤怒，比其他假笑或不笑的參試者少了80％，他們提到的痛苦也比其他的參試者少35％。露出真實笑容的人也表示，他們感覺到較多的正面情緒，對當前的社交關係更滿意。[21]

這些發現當然只是證明「笑」與「因應壓力的能力」之間有相關性，不見得有因果關係。不過，一些新的研究，已經開始深入了解因果關係。在一項研究中，研究人員雪麗・克勞佛（Shelley Crawford）和內里娜・卡爾塔比亞諾（Nerina Caltabiano）設計了一套為期八週的課程，教導大家在日常生活中運用及享受幽默的技巧。每週，講師都會在一小時的課程中，傳授一種不同的技巧。八週後，那些上幽默技能課的人表示，憂鬱情況減少了，[22]壓力降低了，正面相對於負面情緒的比例變高了，甚至控制感也顯著增加了。

（啊～啊～啊～啊）努力活下去

笑是最佳良藥。（事實上，藥物才是最佳良「藥」，笑可以幫助你避免服用那麼多藥物。）

生理上，笑可以帶來有意義的效益，促進血液循環及肌肉鬆弛，[23]降低與心血管疾病有關的動脈壁硬化。[24]

在一項受到派奇・亞當斯（Patch Adams）醫師[#]所啟發的研究中，研究人員馬丁・布魯許（Martin Brutsche）與團隊發現，罹患慢性阻塞性肺病的患者看到小丑提供的娛樂後，肺功能有所改善。[25]

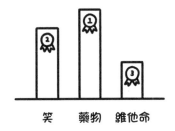

最佳良「藥」

笑　藥物　維他命

這全是真的，也很奇妙，我們就不多談了，希望你今晚仍睡得著。

你還沒被說服嗎？

那你想要長生不老嗎？

好吧，不是永遠活著，但研究確實顯示，幽默感與長壽之間有關聯。在一項長達15年的縱向研究中，[26]挪威科技大學的研究人員追蹤了五萬多人，結果發現，幽默感強的男女活得比較久，即使是在生病與感染的情況下也是如此。[*]具體來說，幽默得分高的女性，死於各種原因的風險少了48％，死於心臟病的風險少了73％，死於感染的風險少了83％。幽默得分高的男性死於感染的風險少了74％。

譯注：他的故事後來改編成電影《心靈點滴》（Patch Adams）。派奇醫師相信，歡笑就是最好的良藥，他以樂觀的態度面對病人，採用許多有趣的醫療方式，例如：使用醫療器具扮小丑來逗病童開心、講笑話給癌末病人聽等等。在派奇醫師的幫助下，幾乎每位病人都成為他的朋友，變得更有活力。
[*] 作者注：這是在溫度零下的挪威。試想，在溫暖的棕櫚泉（Palm Springs），幽默有多大的效用！

現在你知道了，幽默可以強化我們，吸引他人，促進有意義的人際關係，激發創意，抒解緊張局面，幫助我們安度大大小小的人生起伏，成功活下去，而且蓬勃發展。

（提示：記得翻頁）

第 3 章

搞笑

解析

「喜劇
其實是一種
正經的
搞笑方式。」

──彼德・烏斯蒂諾夫（Peter Ustinov）爵士，
英國電影演員、製片人

這是六月的一個典型週二上午，賽斯·梅爾（Seth Meyers）漫步到他位於洛克斐勒廣場30號的辦公室。他的晚間脫口秀節目《梅爾深夜秀》（*Late Night with Seth Meyers*）是在另一端的8G攝影棚拍攝。以前他曾在那裡擔任《週六夜現場》的首席編劇，並且贏得喜劇界最犀利（而且最友善）人物的美譽。

　　早上，他的任務包括從一長串的笑話中，為節目的開場白篩選內容。那段開場白只會用到十幾個結合當日新聞的笑話，而且是像連珠砲一樣，不斷地講下去。昨晚的脫口秀結束後，他的編劇團隊（由十六個咖啡因成癮的天才所組成）就利用後來的幾個小時搜尋新聞頭條，找到幾十則新聞，把它們巧妙地編成上百則笑話。他們將從這些笑話中，精挑細選最後播出的十二則笑話。

　　在短短八個小時內（包括小睡片刻的時間），他們就為那七分鐘的節目開場找到一百則笑話。下午，梅爾的編劇團隊已經把上百則笑話刪減至八十則，其中會有二十五則進入彩排，最後只有十二則左右會正式登場。＊

　　這實在很驚人，而且還是常態！在紐約市與洛杉磯的各個編劇室裡，也上演著類似的魔法。從《上周今夜秀》（*Last Week Tonight with John Oliver*）、到《吉米·法倫今夜秀》（*The Tonight Show Starring Jimmy Fallon*），再到《史蒂芬·柯貝爾晚間秀》（*The Late Show with Stephen Colbert*），都

＊ 作者注：這表示有八十八則笑話在剪輯室中遭到淘汰，真是浪費！那些笑話應該設法回收，捐給愛講冷笑話的人或稅務會計師才不會浪費。

有一小群編劇絞盡腦汁想出數以千計的笑話，以期在黃金時段的電視節目中登場。

如果你和我們一樣，多年來應該看過許多這類節目（以及其他不同類型的節目，例如：《週六夜現場》），驚歎他們是如何針對時下一些最敏感、社會性最強的議題，持續推出那麼多有趣、熱議、巧妙編寫的內容。或許你會納悶：他們究竟是怎麼辦到的？

這些編劇的功力，是結合搞笑天賦及多年辛勤努力的成果。他們在燈光昏暗的即興表演劇場中表演，在脫口秀現場對著標準嚴苛的觀眾測試笑料，不斷編寫一件又一件可能永遠無法登台演出的作品。

我們從梅爾的團隊，以及過去五年來我們研究、合作過的數十位喜劇演員和編劇身上得知，喜劇不僅是一門藝術，也是一門經過精心磨練的技藝——從許多喜劇演員與表演模式，我們可以看出一些常見的技巧。

在本章，我們將探索數十位喜劇界的朋友、老師、表演者、編劇大方與我們分享的常見重要技巧。但這不是為了讓你辭掉工作，去當下一個戴夫・查普爾（Dave Chappelle），[#]而是為了幫助你了解幽默的基本原則。這樣一來，**你就能更加懂得欣賞幽默、發揮幽默感，把更多的幽默元素融入日常生活中。**

譯注：美國知名脫口秀藝人。

基礎入門：真相與誤導

我們的客戶與學生普遍有一種誤解，以為幽默是憑空創造出來的。事實上，幽默通常是源自於注意周遭世界的古怪和荒謬，以一種出人意料的方式呈現出來。

為了幫助大家更了解幽默的基本模式和機制，我們來解構一則簡單的笑話。

想像一下，你在一個晚宴上，一位客人在第一道菜上了三十分鐘後才姍姍來遲，他語帶歉意地說：

「對不起，我來晚了，其實我不想來的。」

你可能會覺得這句話很好笑，或至少覺得有點妙，原因如下。

原則＃1：幽默的核心是真相

這句話之所以有趣，是因為它比我們習慣聽到的說法更真實、更直接——我們通常會說一些微不足道的藉口，掩飾我們剛剛是為了追劇才遲到的。

真相是所有幽默的核心，也是毫無主題或主線的《歡樂單身派對》（Seinfeld）廣受歡迎的原因：劇情都是在講一些令人抓狂的常見社交互動，例如：講話很小聲的人、講話時站得特別近的人、縮水、[##]男人為了運動賽事在臉上塗油彩等等……不勝枚舉。觀眾笑看這些

譯注：指男性游泳後下體縮水。

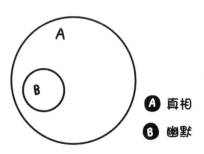

人與場景，因為擁有共同的認知，不自覺就會產生共鳴——「我也會那樣做」、「我看過有人那樣做」，或「沒錯！曲棍球迷真的很瘋。」

　　大家普遍遇過的真實狀況，為幽默奠定了基礎。因此，與其自問什麼事情好笑，不如先問什麼是真的？通常可以從那裡找到幽默。

原則＃2：所有的幽默都包含驚奇與誤導

　　出乎意料的事情也會引人發笑，例如：我們以為某人會做某件事，他卻不按牌理出牌。社會學家是以「失諧－解困理論」（Incongruity-Resolution Theory）來解釋這個原則，這項理論主張，幽默源自於我們期待的事情與實際發生的事情不協調。這是比較文謅謅的講法，講白了就是：大家喜歡驚喜的感覺。當笑話的設計把我們的大腦引向一個方向（one direction），但笑點卻出人意料地轉向「新好男孩樂團」（Backstreet Boys）時，我們

就會感到不協調。

看懂我們剛剛的示範了嗎？*你看到前一句寫著「一個方向」（one direction），可能以為下一句會接「另一個方向」，沒想到我們卻提出一個句意上八竿子打不著的九〇年代男子樂團。

當你意識到這種不協調時，前額葉皮質會立即採取行動來化解，產生幽默的體驗。接著，你參透了笑點，意識到 One Direction 和 Backstreet Boys 都是男子樂團。**

這時，你的前額葉皮質興奮地自己擊掌，吃下一塊餅乾後，又繼續沉睡。

很多笑話之所以不好笑，不是因為缺乏精明的點子，而是因為缺乏誤導性。那可能是因為預期沒有充分建立起來，或是笑點沒有完全推翻預期。

稍後，我們會提出一些創造驚喜與誤導的簡單技巧，這裡我們先講一下重點：有些真相顯然比其他真相更有趣，所以我們先來看看如何尋找那種真相。

＊ 作者注：這個注解是特別寫給非千禧世代看的，One Direction（一世代）是 2010 年代熱門的英國－愛爾蘭男子樂團，希望我們不必特別解釋「新好男孩樂團」。

＊＊ 作者注：可能有人覺得，分析幽默就像解剖青蛙，沒有人感興趣，而且青蛙早就死了，但這正是我們的專長。

*Part 1：*尋找笑點
（*從生活中挖掘真相*）

梅爾的團隊一直泡在新聞訊息裡，努力發掘好笑的真相。幸好，我們在尋找好笑的素材時，不須一直局限在那些經常令人沮喪的時事中，可以從生活中尋找有關自己及周遭人的真相。喜劇演員莎拉・古柏（Sarah Cooper）到我們班上來擔任客座講師、為學生上喜劇技巧課時，讓學生做的第一件事，就是簡單觀察自己的生活。她告訴學生：「永遠不要去找好笑的事情，而是去找真實的事情，從那裡開始。」

這項建議呼應了即興喜劇之父德爾・克羅斯（Del Close）的作法，克羅斯在芝加哥致力推動即興表演文化三十多年，他和他的方法啟發了比爾・莫瑞（Bill Murray）、提姆・麥道斯（Tim Meadows）、霍雷肖・桑茲（Horatio Sanz）、吉爾達・瑞德爾（Gilda Radner）、克里斯・法利（Chris Farley）等喜劇巨星。他曾說：「最新鮮、最有趣的喜劇，不是拿婆婆或丈母娘開玩笑，也不是模仿傑克・尼克遜（Jack Nicholson），*而是暴露自己的性格。」他認為，為了尋找好笑的素材，我們應該檢視那些塑造我們的獨特性的特質、觀點、偏好與感覺。

例如，在《歡樂單身派對》的世界裡，喬治愛打盹，克萊默愛薄荷夾心巧克力球，伊蓮愛避孕海綿，傑

＊作者注：除非你就是尼克遜本人，模仿得維妙維肖。

瑞愛超人、穀麥片、紐約大都會棒球隊（Mets）、不鎖公寓門。這齣戲的笑點，就埋在那些突顯出這些簡單事實的細微觀察中。

你不必只依賴你自己的觀察、想法與感覺，也可以從別人對你的想法來創造笑點。為了了解別人對你的想法，喜劇演員艾力克斯‧韋伯（Alex Weber）讓我們的學生玩一種個人的填字遊戲（Mad Libs）。[#]我們的學生與同學一起玩，但你可以在任何場合，例如：在派對上、第一次約會、家庭度假、在監理所排隊等候時，找人來當你的遊戲搭檔，請對方填入關於你的空格。

> 例如：坦白講，你看起來像＿＿＿＿＿＿＿＿的那種人。[**]

每個人都有獨特的特點與怪癖，我們的生活中充滿了笑點，只是需要工具去挖掘。接下來，是五個幫你開始的簡單技巧，那些一生都在學習、表演、創作、執導喜劇的人在傳授幽默的技巧時，經常提到這些簡單的技巧。

❶不協調：注意差異

古柏鼓勵我們的學生簡單地觀察生活時，她鼓勵他

[#] 譯注：把某些字挖空，請遊戲者依照文句，自己選字填入。填好後再唸出來，會出現一種特殊的幽默效果。

[**] 作者注：結果，珍妮佛發現，她看起來像「連冥想時都想處理幾封電子郵件」的那種人。娜歐米則是發現，她看起來像「每場戶外活動都會帶棉花糖夾心餅『以防萬一』」的那種人。

們觀察的第一個地方，就是「對比、矛盾、並置」發生之處。這可以是指注意你生活中的對比，例如：你在工作上是高高在上的執行長，在家裡卻是兩個十幾歲女兒的私人助理；或者你的公寓非常講究風水，但你擺放餐具的抽屜卻一團亂，猶如近藤麻理惠的個人地獄。*

這也可以是指尋找你與他人的行為差異。例如，古柏發現，她跟先生出遊時，他們擁有截然不同的行李打包風格。

---

* 作者注：「近藤麻理惠的個人地獄」只是一種比喻，不是說她以後會下地獄。麻理惠看起來人很好，我們想像她以後應該會有一個非常乾淨整潔的來世。

這也可以指個人隨著時間變化而產生的不協調。例如，約翰・莫藍尼（John Mulaney）注意到自己的冒險心態在過去二十年間有了變化：

> 我在大學畢業前一晚吸了古柯鹼，現在卻連流感疫苗也不敢打。

主責《梅爾深夜秀》「深入時事」單元（Closer Look）的薩爾・詹提勒（Sal Gentile），花了很多時間關注政治體系該有的樣子與實際的樣子有何落差。這個單元專門解說、嘲諷棘手的政治議題，通常採用新聞中的真實片段作為笑料。以如今的新聞週期來說，要找到這些矛盾的笑點並不難。詹提勒指出：「而且，喜劇非常善於突顯這些矛盾，比方說：『等一下！情況不該是那樣，那樣很奇怪，因為……。』」

如果這些例子都無法帶給你啟發，不妨試著從底下這個角度來看不協調：如果外星人突然降落在地球上，他們客觀上會覺得什麼不合邏輯？也許，他們會覺得有些健身房的自動販賣機只賣奇多玉米棒（Cheetos）和餅乾不合邏輯。又或者，他們會覺得《歡樂單身派對》中傑瑞講的下列這句話不合邏輯：

> 狗才是地球的主人。如果你看到兩種動物，一種在拉屎，另一種在幫忙撿屎，你會覺得誰才是主人？

某種意義上來說，不協調是生活中的小誤導，其實是世界在幫你找笑料。

❷ 情感：注意你的感覺

《洋蔥報》（*The Onion*）影音頻道前編劇主筆麥特·克里曼（Matt Klinman）針對「如何找笑料」為我們的學生提供建議時，一開始先請每個人回答兩個簡單的問題：「你喜歡什麼？」、「你討厭什麼？」。

喜劇演員非常注意情感——什麼事情令他們感到非常尷尬、高興、悲傷、驕傲、不舒服？這些強烈的感受，都是很棒的搞笑切入點。

除了克里曼提出的那兩個問題以外，你也可以自問：「什麼事情使我異常興奮？什麼事情使我莫名沮喪？什麼事情使我毫無緣由厭惡到極點？」

例如，看到四歲的兒子畫了一隻毫不起眼的美人魚，你覺得非常自豪；打開一瓶冒泡特別多的氣泡礦泉水，你覺得異常興奮；發現氣泡礦泉水沒氣了，你氣得要命。

如果你看過脫口秀表演〔或看過一集《人生如戲》（*Curb Your Enthusiasm*）〕，就知道很多喜劇演員很愛談那些使人毫無緣由發怒的事情。例如，凱文·哈特（Kevin Hart）對熱戀情侶的感受：

> 我不介意看到情侶，但我不喜歡看到剛陷入熱戀的情侶，我根本受不了他們，討厭極了！實話實說，他們太過分了……你看過剛熱戀的情侶分享東西嗎？你親眼目睹過嗎？「嘿，寶貝。嘿，寶貝。嘿，甜心。嘿，甜心。親愛的，我還剩一點果汁，你想喝一點嗎？你要不要喝一口看看，我喝一口，你喝一口？你要不要試試看？我一口，你一口？」

就這樣來來回回⋯⋯媽的，我看了就火大。

又比如賴瑞·大衛（Larry David）在 Twitter 上分享他對派對、大學籃球、生日卡的感受——「我討厭派對，派對完還要續攤？開玩笑嗎！？」「『瘋狂三月』（March Madness）[#]還沒有疫苗嗎？」「舊的生日賀卡要怎麼處理？要留著，還是丟掉？根本用不到呀。拜託！別再寄卡片來了，寄電子郵件給我就好。」

把憤怒的事情拿來開玩笑，其實很難拿捏，但你會看到搞笑演員拿捏得特別巧妙。

把那些氣人的事情拿來當笑話題材時，一定要壓抑脾氣。如果你直接對觀眾發飆，他們可能會覺得不舒服，也不好笑。但是，如果你可以把憤怒導向一個有趣、虛構的卡通化對象上（無論是什麼惹惱你），其他人也許可以感受到你的憤怒，但不會覺得自己好像遭受到攻擊。如果你處理得當，加點自嘲，讓人知道你的誇大反應有部分是你自己的問題，那樣做可以讓他們放心，也讓他們知道你的感受。

❸ 意見：注意你的想法

紐約正直公民大隊劇院（Upright Citizens Brigade Theatre）的短劇與即興喜劇老師大衛·伊斯科（David Iscoe）教學生多注意他們比別人更在乎的觀點，這主要

[#] 譯注：美國大學籃球冠軍錦標賽每年於春季舉辦，由於多數比賽在三月中舉行，所以又稱「瘋狂三月」。

是指你的特定信念，而不是情感上的怪癖。你可以從你覺得很驚人或荒謬的常態，或大家普遍接受的行為開始思考。例如，喜劇演員蜜雪兒‧沃爾夫（Michelle Wolf）認為自己慢跑根本是白費力氣：

> 我天天跑步，不知道自己為了什麼訓練，因為我沒有學到任何身體技能。就好像在我的生活中，慢跑唯一可能幫得上忙的是，某天遇到有人想搶劫，他可能得追我3到5英里才追得到。

又比如，古柏認為，我們每天上班花太多時間向彼此報告最新的工作情況，而不是真正投入工作。

想一想，你會把什麼填入這句話中：「我實在搞不懂，為什麼＿＿＿＿＿＿＿＿是常態。」你可能會很訝異，你竟然可以想出那麼多。（當你這麼做時，請記得保持冷靜，別太武斷了。）

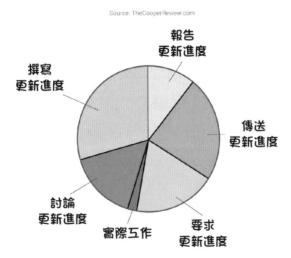

我們工作時都做了什麼

Source: TheCooperReview.com

報告
更新進度

撰寫
更新進度

傳送
更新進度

討論
更新進度

實際工作

要求
更新進度

❹ 痛苦：注意什麼令你難過或畏縮

想想你最喜歡在派對上講的故事，有些故事可能跟你痛苦或尷尬的時刻有關。例如：約會回到家，才發現牙縫卡了菜渣；全家興高采烈到迪士尼樂園玩，卻發生中暑、暈車，為了跟唐老鴨的女友黛絲鴨（Daisy Duck）合照還排隊了三個小時；或是，每次去監理所。

第二城喜劇團的喜劇研究總監安・利柏拉（Anne Libera）指出，痛苦是喜劇的三大關鍵要素之一（第7章將深入研究另兩項要素）。看到別人的不幸遭遇發笑，並不是因為人類是混蛋（至少不是人人如此），而是因為那就像一個好笑話的笑點那樣觸動神經。喜劇演員開朗地講述某個痛苦時刻時，我們的大腦會把焦點放在那個可怕事件與講者開朗陳述之間的不協調之處。

例如，喜劇演員馬龍濟歐・凡斯（Maronzio Vance）先提到洛杉磯是個昂貴的大都會，接著提到2018年馬里布（Malibu）[#]火災發生後，他和家人某次講電話的內容。

> 他們說：「嘿，我們看到馬里布發生大火，你還好嗎？」我說，我真是受寵若驚！你們竟然以為我住在馬里布。很抱歉，讓你們失望了，我住在凡奈斯（Van Nuys）。我在這裡很好，很窮，遠離火災。

當然，很多痛苦要經過一段時間以後，才會顯得好笑。離事件發生的時間越遠，越容易客觀地看出其中的幽默。

[#] 譯注：洛杉磯郡的富裕城市。

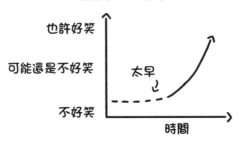

就像俗話說的：喜劇等於悲劇加上時間。

所以，下次你覺得自己處境悲慘或尷尬時，想想那件事終究會變成很棒的故事題材，這會讓你覺得安慰一些。

❺ 喜悅：注意令你微笑的事情

從認知與行為的角度來看，1.) 尋找讓你微笑的事物，2.) 與人分享那些事物，比你想的效果更強大。

第一項可以啟動「促發效應」（priming effect），[1]那是心理學的一個原理：接觸一種刺激會影響你對下一種刺激的反應。比方說，閱讀這本書，你已經準備好輕鬆面對一切。當我們為某件事情做好準備時，就更有可能、更快、更常進入那種狀態。每個新的快樂時刻，都會讓這種迴圈延續下去，所以尋找快樂，你就會找到快樂！

第二項是利用笑的情緒感染力。[2]笑之所以獨特，是因為它主要是在其他人也在場的情況下發生及傳播的。所以，當你在公園裡看到一隻狗穿的衣服花色和你好友剛買的一模一樣，或是你的孩子一開口時常語出驚人，可以把它記下來分享。喜劇演員詹姆斯・布瑞克維爾

（James Breakwell）就是這樣做的：

> 我六歲的兒子剛剛把田園沙拉醬（ranch dressing）稱為「沙拉糖霜」。從此以後，我再也不叫別的名稱了。

布瑞克維爾那天早上可能沒有想要創作笑話，但他確實敞開心扉去接受世界提供的任何可能。

誠如金獎導演梅爾・布魯克斯（Mel Brooks）所說的：「仔細環顧四周，生活中確實充滿喜劇。」

Part 2：塑造笑點

許多笑話依循的基本結構是：鋪陳＋笑點。鋪陳是你的短評或事實，笑點是藉由顛覆預期（亦即誤導），讓觀眾大吃一驚。

有時，針對生活的真相與不協調做簡單的評論，就足以令人發笑，但這種短評不見得每次都成功。有時你需要稍微加油添醋，才能引人發笑。你可以運用接下來的六項簡單技巧，從鋪陳發展到笑點。

❶誇大

喜劇演員古柏要求我們的學生列出一長串的觀察後，給他們的第一項挑戰是：把每個觀察加以誇大，從規模、強度、誇示法著手。這樣簡單的提示令學生又驚

又喜，他們從來沒有想到，只要稍微加油添醋，就可以輕鬆創造笑點。

當我們把觀察的現象加以誇大時，就會混淆聽者的期望，造成誤導。你不是給對方預期的正常反應，而是給他一個離奇的反應。在下一頁中，你可以看到古柏如何把她的簡單觀察（飛機座椅很不舒服）誇大成極端。

古柏在這裡做了一些很棒的事，她使用一種大家熟悉的模式，從大家都了解的情況開始，然後把它誇大到極致。她沿著座位表向下移動時，也放大了誇張的程度——從你習慣的「頭等艙」、「經濟艙」等正常說法，變成「經濟不適艙」、「經濟痛苦艙」等等。

另一種誇大的方法，請看莫藍尼的例子：

最近，我去spa中心按摩。我走進按摩間後，裡面的女人告訴我，把衣服脫到我覺得舒服的狀態。於是，我穿上毛衣與燈芯絨長褲，我覺得那樣很安心。

這個笑話隱含的意義很明顯：莫藍尼覺得在別人面前脫衣服很不自在。這個笑話觸及了一個普遍的事實：讓陌生人把油塗抹在你的裸體上，可能感覺有點怪（或至少，那樣做打破了我們在社會上其他地方所注意的許多界限。）莫藍尼可以用很多方式來分享這個看法，但他選擇的方式是誇大個人的反應。他不是直接說：「所以，我把襪子脫了」之類的，而是反向操作，穿上更多的衣服。換句話說，他同時使用了誤導與誇大法。

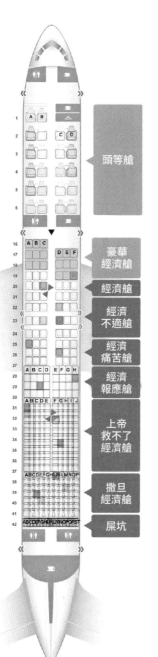

飛機座位圖

TheCooperReview.com

頭等艙

豪華經濟艙

經濟艙

經濟不適艙

經濟痛苦艙

經濟報應艙

上帝救不了經濟艙

撒旦經濟艙

屎坑

圖例:

對你品頭論足的乘客

▼ 不讓你用前方廁所的空服員

哭鬧不休的嬰兒

使用機上娛樂系統、不斷踢敲你的椅背的小孩

使用抑制前座傾倒椅背裝置的乘客

椅背倒太下來占據你一半空間的前座乘客

把香港腳伸到你的座位空間的乘客

一邊吃鮪魚和水煮蛋,一邊霸占整個座位扶手的乘客

即將變成全武行的爭論

❷ 製造對比

　　對比——把兩個或更多的元素並置——也是喜劇的另一項法寶。如果你的觀察源自於不協調，裡面可能也包含某種程度的反差。如果沒有的話，就想辦法自己製造對比吧！下列以梅爾對新英格蘭愛國者隊（New England Patriots）的支出預算所做的評論為例：

> 新英格蘭愛國者隊是第一支購買自己的飛機，以便飛去參賽的NFL球隊……與此同時，克里夫蘭布朗隊（Cleveland Browns）被降級到廉航的艙頂置物櫃。

　　新英格蘭愛國者隊向來是聯盟中最富有、最強的球隊，即便如此，對他們來說，球隊自行添購飛機也是不尋常之舉。你可能覺得球隊會選搭頭等艙或包機，但不會買飛機。但請注意，梅爾並沒有誇大愛國者隊的行徑來製造笑點，而是挑一支名氣截然不同的球隊，往反方向去誇大，突顯悲慘的克利夫蘭布朗隊完全迥異的命運。

　　再舉一個例子，請注意雀兒喜・柏瑞蒂（Chelsea Peretti）如何巧妙地運用對比，來談論社會對女性與男性施加的壓力：

> 我只是想感受一下，擁有男性自信是什麼感覺。我對身為男人的幻想是：一早醒來，睜開眼睛就覺得：「我太棒了！大家應該都很想聽聽看我說些什麼吧！」

　　柏瑞蒂沒有直接說「女性經常覺得自己不受重視」——觀眾可能也覺得那是令人沮喪的顯著事實。她是藉由對比「想像中的男性經歷」來闡述這點。男人可

能不是真的那樣想（那些想法極其單純），但她可以讓觀眾意識到他們可能沒有注意到的男女體驗差異。

在這項技巧的進階應用中，她的觀察是從女性視角開始著手。接著，她以誇張的男性視角來製造對比。當我們聽到那段話時，她已經完全放棄女性視角，只暗示反差。

她知道，大腦會自動腦補剩下的部分。

❸ 運用細節

若你有機會在正直公民大隊劇院的短劇寫作室裡宣傳你創造的笑話，你很快就會知道一件事——除了老師威爾・海因斯（Will Hines）每次講的笑話總是贏過所有人以外：詳情、細節、扭曲可使笑點從好變得更好。以吉米・法倫（Jimmy Fallon）的這個笑話為例：

> **英國的研究人員警告，世上五分之一的植物物種有滅絕的危機。更糟的是，羽衣甘藍應該會存活下來。**

如果他的笑哏沒那麼具體，會變成怎樣？例如：「更糟的是，蔬菜應該會存活下來。」這樣就沒那麼好笑了，對吧？那是因為蔬菜是比較籠統的名稱。法倫選擇的羽衣甘藍不僅比較具體，也附帶許多大家普遍公認且兩極化的聯想，例如：文青雅痞、健康狂人、流行食物、難以咀嚼等等。*

＊作者注：這種聯想甚至超越物種。坎茲（Kanzi）是一隻會手語的倭黑猩猩，牠把羽衣甘藍稱為「慢萵苣」（slow lettuce），因為它比其他綠色蔬菜需要更長的咀嚼時間。據我們所知，法倫還沒有對坎茲測試過這個笑哏。

瑪莉亞‧班福德（Maria Bamford）是以精確、生動的語言來編造笑話的大師：

> 我實在很不喜歡問那些熱戀的人：「你們是怎麼認識的？你們的手是不是在花園中偶然碰在一起了？」

這個笑話的核心真相——她嫉妒那些陷入熱戀的人，也厭惡那些「我們如何相遇」的故事——很多人都能夠理解，但無法使那句話本身變得好笑。她以生動的語言來表達，讓人直接聯想到維多利亞時代小說裡的畫面：兩個愛情運不佳的孤獨靈魂，在一片充滿玫瑰花與金銀花的花海中，被命運牽繫在一起。班福德描述的場景與現今大家相遇的場景（亦即在 Tinder*上閒逛，而不是在花園裡閒逛）之間，存在著一些有趣的不協調。

❹製造類比

就像對比可以製造笑點一樣，類比也可以。有些喜劇演員是類比高手，他們把一種行為或情境比喻成另一種截然不同、但同樣誇張的東西，進而突顯出那個行為或情境的荒謬。

吉姆‧加菲根（Jim Gaffigan）察覺，像他那樣的大家庭如今似乎不大常見了。他以類比的方式來說明這點：

> 大家庭就像水床店，以前隨處可見，現在根本是奇葩。

＊作者注：又名「人間恐怖花園」。

如果不以水床店來打比方，這種現象一點也不好笑。加菲根有五個兄弟姐妹，現在他也養育五個孩子，如果單純只講大家庭很少見，感覺只是在哀歎自己不是主流罷了。他的笑點來自於大家庭與水床店的類比是如此出乎意料。當你的大腦（在加菲根的幫助下）明白那句話的含義時，你會覺得那是不錯的驚喜。

「那就像……」、「彷彿……」之類的片語，可以幫你發現類比，進而創造你自己的笑點。你仔細尋找類比時，會發現喜劇演員經常使用這類工具。

例如，哈桑・明哈傑（Hasan Minhaj）把他的父親類比成風格獨特又兩極的導演，藉此突顯他與父親難以溝通：

> 每次我和老爸溝通時，就像M・奈特・沙馬蘭（M. Night Shyamalan）的電影。感覺鋪陳了九十分鐘，最後完全沒有結果，只納悶：「蛤！這就是結局？？」

例如，莫藍尼很討厭紐約地鐵上的表演者在擁擠、充滿汗臭、無處可逃的地方，強迫他收聽他們大聲演奏的音樂。他以類比的方式來表達那種心情：

> 我從來沒遇過殺手，所以不知道被殺手宰掉的前一刻是什麼感覺。但我猜，那跟在地鐵上遇到一支街頭樂隊即將開始演奏的感覺一樣。

好的類比就像懸臂橋，很難打造。所以，如果你不善於運用這項技巧，你並非特例。喜劇演員兼暢銷作家尼爾斯・帕克（Nils Parker）來幫我們的學生精進幽默技巧時，分享了一個實用的小祕訣：把兩件事情類比在一

起的關鍵，幾乎都是喜劇演員對他描述的觀察所抱持的情感或想法。所以，只要找出那個情感或想法，就比較容易找到可以類比的事情。

> 大家庭 → 不常見、過時的 ← 水床
> 酒駕很酷 → 過度自信 ← 不會繫鞋帶，卻自以為會
> 與老爸溝通 → 累人又困難 ← 沙馬蘭
> 地鐵上喧囂的表演者 → 感官攻擊 ← 被一群殺手追殺

換句話說，想要製造類比，先自問你對你的觀察有什麼感覺或想法，然後把它想成只針對你。你的聽眾需要知道，為什麼你會有那種感覺或想法；也就是說，那必須「符合個人的品牌形象」。對經常看莫藍尼脫口秀的人來說，看到他（或他的舞台形象）把「社交尷尬」比喻成「死亡恐懼」，會覺得很合理。

接著，試著找出某種比較普遍的東西來打比方——一種大家普遍理解、能夠喚起同樣情感或想法的東西。「普遍理解」是關鍵：加菲根的笑話之所以好笑，是因為多數人也認為水床有點怪異且過時；沙馬蘭的電影到了第三幕就開始分崩離析；多數人（至少在大城市裡）都遇過地鐵表演者突然在身邊演奏的可怕經歷。

總之，為了建立有效的類比，你需要在「你對你描述的事物有何感受」與「多數人對你的比喻有何感受」之間找到共通點。

❺ 依循「三的法則」

　　誠如前文所述，誤導是喜劇的核心原則，這也是為什麼你在陳述你的觀察時，需要設法讓聽眾產生不同的期待。

　　喜劇演員兼作家大衛・尼希爾（David Nihill）在為我們的學生上課時強調，製造誤導的一種簡單方法是依循「三的法則」：先列出兩種正常或預期的元素，然後加入一項意想不到的第三元素。人類的大腦一直在尋找模式——我們很小就學到，C在A與B之後，所以當我們處理前兩個元素（A與B）時，會以為下一步是C。但如果我們對一個四歲的孩子說：A……B……Stung me!（刺痛我了！）。那會製造驚喜，進而產生幽默，至少對四歲小孩來說是如此。

　　喜劇演員常用這招，下列是艾米・舒默（Amy Schumer）的例子：

　　嗨！丹佛地區的朋友，你們好嗎？！非常感謝你們來看我的脫口秀。對我來說，這場秀意義重大。我不知道你們有沒有注意到，過去一年，我變得非常有錢、非常有名，也非常謙虛。

　　下列是蒂芬妮・哈戴許（Tiffany Haddish）的例子，她也是在最後一項元素加入了意想不到的變化：

　　我終於變成一個成熟的女人了。我熬過了寄養的歲月，熬過了無家可歸的歲月，甚至熬過了帶著新鮮王

子（Fresh Prince）去沼澤之旅還嗨到爆的歲月。[#]

在這兩個例子中，前兩項元素先建立一個模式，第三項元素則是顛覆這個模式。相較之下，如果把笑點埋在中間，會變成怎麼樣？

> 「我變得非常有錢、非常謙虛，也非常有名。」
> 「我熬過了寄養的歲月，熬過了帶著新鮮王子去沼澤之旅還嗨到爆的歲月，甚至熬過了無家可歸的歲月。」

突然間，幽默變得不明顯了。只要中間沒看出笑點，就失去了誤導性、衝擊力與幽默感。

❻ 擴建世界

每個出色的笑話或表演，都是從一個有趣的前提起頭的。以那個前提作為起點，你要怎麼延伸都不受限制。問問自己：**如果這是真的，那還有什麼？**換句話說，如果你剛剛講的第一個笑點是真的，那麼接下來還有什麼？如果第二件事也是真的，那麼接下來還有什麼？利用這種技巧，你可以建構出整個微型宇宙，每項細節都是一個把現實拉到新極端的機會。

在艾倫・狄珍妮（Ellen DeGeneres）2018 年的脫口秀

[#] 譯注：哈戴許有一天拿 Groupon 的團購券，帶著威爾・史密斯（Will Smith）夫婦去沼澤之旅。史密斯夫婦並不知道 Groupon 的團購券（指他們必須和一般民眾一起搭船遊沼澤），結果在現場引起大騷動，因為其他遊客沒料到好萊塢的大明星也會來參加這種平價旅行。「新鮮王子」是指威爾・史密斯，因為他是影集《新鮮王子妙事多》（*The Fresh Prince of Bel-Air*）的主角，他在劇中的外號是「新鮮王子」（The Fresh Prince）。

特輯《感同身受》（Relatable）中，有一個巧妙的例子。請注意看她描述的那個生動世界，如何隨著笑話的進展，變得越來越荒謬：

> 我已經十五年沒表演單口相聲了，我決定做這個特輯時，一個朋友剛好在我家，我告訴他：「我要再做一場單口相聲。」他說：「真的嗎？」我說：「真的，怎麼了嗎？」他說：「妳覺得妳還能讓人產生共鳴嗎？」我說：「對，我覺得我還可以讓人產生共鳴，我是人啊。」他說：「我的意思是，妳的人生改變了那麼多。」我說：「我知道，但我還是覺得，我可以讓大家產生共鳴。」總之，就在那個時候，我的管家巴圖正好踏進房間，告訴我早餐準備好了。我說：「我們改天再聊吧。」
>
> 然後，我就坐在採光間裡吃早餐……巴圖餵我吃他切好的鳳梨，吃到第三口或第四口時，我說：「巴圖，我不餓，我沒胃口。朋友剛剛說的話，搞壞了我的心情。」他說：「夫人，那我幫您放洗澡水吧。」我說：「你不必老是告訴我你要做什麼，你直接放洗澡水就好了。」
>
> 於是，我坐在浴缸裡，望著窗外的玫瑰園……看到塔蒂亞娜正在照料玫瑰……總之，我走出浴缸，發現巴圖忘了把浴巾放在浴缸旁——他又忘了！於是，我不得不踩著浴墊，滑過浴室才能拿到浴巾。而且，那間浴室很大，你可以想像那間浴室有多大，就像……（比出房間超大的手勢），我踩著浴墊滑動，然後停了下來，心想：「哦，天啊……這可以讓人產生共鳴。」

狄珍妮的最後一句特別巧妙，她用那個笑話的前提作為「扣題」——亦即重複之前講過的段子，稍後會學

到。她透過一連串的描述，讓觀眾沉浸在她創造的世界中，暫時忘了為什麼會有那樣的世界。她從小小的差異開始著手，接著持續擴大、擴大、再擴大，最後她只要提醒觀眾她離最初的前提有多遠，就能夠引起哄堂大笑。

Part 3：自然爆笑

多數的喜劇演員會花幾個月、甚至幾年的時間，來撰寫及排練笑話。顯然，很少人有那麼多的餘裕。即使我們已經掌握了編造出色笑話的原則，在現實生活中，當我們需要發揮幽默感時，通常還是需要現場即興發揮。下列是三個隨時製造自然笑點的小祕訣。

❶ 了解你的招牌故事

我們常常以為，喜劇演員天生就有隨時搞笑的超能力。沒錯，他們往往如此，但其實很多看似渾然天成的笑料，其實已經寫了又改、改了又寫無數次，練習了無數次，在許多觀眾面前講了無數次。多數的喜劇演員不是只準備一兩個笑料，一有機會就拿出來講，而是隨時都有一卡車的笑料可以發揮。

你也可以這樣做，開始蒐集你的招牌故事。所謂的「招牌故事」，就是你很愛拿出來講，而且每次講都可以引起大家哈哈大笑的那種故事——無論是在雞尾酒會上、在會議室裡，或是已經對你的另一半講過成千上萬遍。*

但這不是要你老是講同樣的故事。出色的故事之所以歷久不衰，是因為它們某種程度上有共通性——不僅是對人，對環境也是如此。所以，如果你有一個很愛拿出來講的故事，一定要想辦法把它與當下的情況連結在一起，而且盡量不要在同一群觀眾面前重複講兩次以上，否則大家會覺得你聽起來很假。

有一種作法可能對你有幫助，你可以直接承認你很常講那個故事：「我很喜歡這個故事，因為……」，或「每次，我都會想到……。」當你主動承認自己很愛講那個故事時，周遭的人會把你一再重複那個故事，視為你的性格的一部分——所以，你更應該好好挑選你的招牌故事，因為那會變成你的一部分。

❷ 注意此時此地

賽斯・赫佐格（Seth Herzog）的工作是地表上最難的工作之一，除了在劇院、慈善活動等傳統場合表演喜劇以外，他也在《吉米・法倫今夜秀》上幫法倫熱場。他的工作是為一大群陌生人表演喜劇，讓他們放鬆——那些觀眾坐在冷氣太強的攝影棚內，不耐煩地等待「真正的」節目登場。所以，他很懂如何迅速讓大家哈哈大笑。

赫佐格說，引發自然爆笑的最快方法，就是找出此時此刻這群人特有的東西，通常是注意他們周遭那些奇

---

*作者注：套用大衛・伊斯科的說法：「這是喜劇演員很難交往的原因。如果你發現你最愛的喜劇演員老是對著你練習表演，你可以隨時吐槽他，給他一個練習『被吐槽』的機會。」

怪或不協調的事物。這也許可以解釋為什麼莫藍尼在歷史悠久又華麗的無線電城音樂廳（Radio City Music Hall）表演時，一開場就環顧四周，然後說：

> 我很喜歡到一種劇場表演，最好搭建那個劇場的人可以看到我在台上表演，他們會對我的表演有點失望。你看這個場子，這個場子遠比我要表演的內容還棒。這實在……實在很悲。

赫佐格說，這樣做的目的，是為了讓觀眾覺得自己很特別，彷彿那些笑話是專門為他們寫的。他建議大家自問：「『當下對這群人來說，什麼事情很好笑？』」，那是最快引發大家哈哈大笑的最好方式。」

❸ 運用扣題

在生活中，就像登台表演一樣，讓人發笑的最簡單方式之一，就是重提之前講過的笑話或有趣的時刻，這招叫做「扣題」（callback）。你只需要用心留意大家發笑的時間點，記住那些時刻，之後再找機會重提就好了。

扣題讓你把豐富的意義與脈絡密集地塞進一個比較小的情境中，讓你以精簡的投入獲得很大的迴響。

扣題的時間線

不僅如此，這樣做也可以拉近群體之間的關係。這就像好笑的圈內笑話，是拿既有的關係和知識來開玩笑的，已經知道內情的人會覺得很特別，因為自己也是一分子。在第2章，我們談到記住共同歡笑的時刻可以拉近關係，讓我們對關係更滿意——這也是扣題（尤其是圈內笑話）通常可以有效凝聚團體的另一個原因。

這有點像買一送一：大家因為想起之前的笑話而大笑（同時覺得彼此的關係更緊密了），而你又以一種令人驚喜或意想不到的方式重提那件事，製造出新的歡笑。

Part 4：傳遞笑果

表演時間到了！這裡指的是梅爾的上台時間。我們回到洛克斐勒廣場30號的辦公室，他的編劇正在篩選開場的笑話，從上百個刪減到數十個，他將在即將開始的彩排中表演那些笑話。

但開場的那些笑話，不見得就是看起來最有趣的。幽默大師巴迪・哈克特（Buddy Hackett）曾說：「99％是看表演而定，只要你的聲音恰到好處，表演也恰到好處，有足夠的自信，精準傳遞笑哏，不管你講什麼，都可以讓大家笑三次才意識到你不是在講笑話。」

下列是喜劇演員憑直覺就懂而且經常運用的幾個搞笑技巧。由於白紙黑字寫的技巧是死的，我們建議你去看最愛的喜劇演員實際表演的樣子。如果你一時想不起

來要觀摩誰，我們也列了幾位把這幾招用得特別好的喜劇演員供大家參考。

好的喜劇是有旋律與節奏的。多看多學，你也會開始熟悉他們的調調。

1. **講笑哏前先停頓一下。**就像已故的米奇・赫德伯格（Mitch Hedberg）在演出中做的那樣，在講笑哏之前，先沉默半晌，製造期待。

2. **演出來。**演出（並誇大）角色的肢體行為、舉止、聲音、觀點。賽巴斯汀・曼尼斯卡爾科（Sebastian Maniscalco）的一些影片是不錯的例子。在最近發布的一小時特輯中，他大概在麥克風周圍的三米範圍內走了八百米。他在台上又踢又跪又跌倒⋯⋯看起來累死了，但是很好笑。

3. **提高戲劇性。**改變說話的音調、語氣、抑揚頓挫、節奏，以增強敘述中的情感。所有的喜劇演員多多少少都會這樣做，不過瑪莉亞・班福德（Maria Bamford）是這方面的佼佼者。

4. **重複有趣的台詞。**你會注意到，喜劇演員講完笑哏後，經常會重複一遍。傑瑞・賽恩菲爾德（Jerry Seinfeld）稱之為「沉浸在當下」。如果你看過克里斯・洛克（Chris Rock）的喜劇特輯，就會發現他是這方面的高手。

5. **表演方式與內容相符。**如果換蒂格・諾塔洛（Tig Notaro）來表演克里斯・洛克的笑話，那應該不好

別忘了扣題的重要

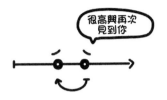

笑。*幽默需要符合你的內容與風格。你可以觀察兩位喜劇演員，留意他們的表演風格有何差異。

6. **自信演出**。強調笑哏，像黃艾莉（Ali Wong）那樣刻意一字一頓、大膽、清楚地講出來，語帶權威。

回到洛克斐勒廣場30號，現場笑話紛至沓來，笑聲迴盪。梅爾對著攝影棚的觀眾，講著一個又一個看似不費吹灰之力就寫出來的精彩笑話，而編劇群早就把焦點轉移到隔天的新聞週期了（也從喝咖啡變成喝紅牛提神飲料）。

這群編劇不眠不休地工作，在極其緊迫的時間限制內運作，對瞬息萬變的新聞做出反應，呈現出數百萬觀眾收看的節目。

他們做的是搞笑業，卻是在做很正經的工作。

儘管如此，在不眠不休的夜裡，他們不僅在製作的內容中找到幽默，也在工作的方式中找到幽默。梅爾說：「如果我們在工作中太正經，喜劇就滅亡了。」

在這一章中，我們進入喜劇演員的世界。雖然想像

＊作者注：除非是一種超現實的反喜劇方式，我們現在特別想看這種笑料。

那些畢生致力於投入喜劇藝術、把喜劇融入職場的人很容易，但要想像自己也能做到那樣可能很難。不過，無論我們做什麼或在哪裡工作，大多數人其實都能找到更多機會發揮幽默感。接下來，是你開始實作、發揮幽默感的時候了。

（提示：記得翻頁）

第 4 章

發揮

幽默感

「從一個人綻露的幽默光芒，最能夠確定在那張陌生的臉孔裡，有一個靈動的同類。」

——伊娃・霍夫曼（Eva Hoffman），
國際知名作家暨學者

聽到了嗎？那是實測的聲音。現在讓我們把輕鬆和幽默這兩種元素運用到職場上吧。

但是，在開始之前，有一條免責聲明：我們知道，在專業上運用並展現幽默，有時可能讓你感覺吃力或感到不安。如果你一想到你在老闆、同事或會計部那個不苟言笑的傢伙面前講笑話就會心跳加速，我們建議你先降低門檻。記得，你的目標不見得是要講笑話或搞笑，而是在日常生活中培養更多的人際關係，在過程中變得更具生產力、更有成效（當然也會變得沒那麼無趣。）

在本章，我們一開始會先分享一些簡單的小對策，幫助大家改變用字遣詞及發送的訊息內容，微調「行動」以大幅改變我們向外界表現的方式，以及外界回應我們的方式。

接著，我們會把焦點放在一些重要的時刻上，探索幽默的行為如何幫助我們在職場上度過重要關頭，例如：難以啟齒的狀況、棘手的決策、需要激勵他人等情境——其實任何情境皆適用。

最後，我們把焦點轉向團隊互動，了解如何巧妙地運用輕鬆元素來改變心態，促進創意發揮、提升生產力。

輕鬆溝通

用字遣詞很重要。我們這麼說，並不是因為這本書

裡有很多這樣的例子。

研究顯示，我們的用字遣詞對心理與行為有深遠的影響。這個原理常稱為「沙皮爾－沃爾夫假說」（Sapir-Whorf Hypothesis），[1] 聽起來雖然很像《星艦迷航記》（*Star Trek*）的其中一集，但其實它是指：我們使用的語言，可以塑造認知、行為，以及我們看待世界的方式。這也表示，我們在職場上的溝通方式，會直接影響專業關係的品質與組織的文化。

我們肯定不是最早注意到溝通能力對專業成就極其重要的人。但隨著遠距工作逐漸增加，[2] 數位通訊模式幾乎已經取代茶水間的閒談，想找機會與同事培養情誼並不容易。面對面的交流越少，書面交流就得承擔越來越多的重責大任。

但許多書面交流只達成一半的任務 —— 傳遞資訊，卻沒有建立有效的人際關係。我們寫的電子郵件讀起來

你在職場上的樣子

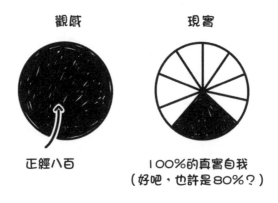

觀感　　　　　現實

正經八百　　　100%的真實自我
（好吧，也許是80%？）

完全不像說話的方式，用字遣詞有如機器人或看病一樣枯燥乏味。為什麼那麼多人覺得專業溝通應該完全不帶個性、性格或怪癖呢？

說人話

　　世界各地的人與公司都為這點而苦。舉例來說，在德勤，商業術語滿天飛，嚴重影響溝通。所以，早在2003年，當時的行銷長布萊恩・費傑爾（Brian Fugere）就開發出一套系統，幫助大家剔除那些在公司內外日益流行的乏味術語。

　　這個想法是源自於一項使命：改善德勤的大眾形象，使公司從諸多的大型顧問公司中脫穎而出。費傑爾一開始從客戶端蒐集意見，想了解公司在哪些方面需要加強。他原本以為客戶會要求公司提供更多的產業知識、服務、全球營運範圍等等，沒想到客戶主要抱怨的竟然是他們的溝通方式。他一再聽到大同小異的抱怨內容，而且出人意料：「太多鬼扯行話！我希望他們有話直說。」

　　德勤的顧問和很多人一樣，不再講通俗易懂的人話。他們的電郵、投影片、電子媒體中充斥著枯燥、籠統的文字。這種形式已滲透到顧問與客戶之間的溝通，以及顧問彼此之間的溝通。費傑爾意識到，他必須設法把人性拉回這個產業。

　　因此，他與團隊一起開發出一套軟體，找出德勤的員工書寫時經常使用的「廢話」（bullwords）字詞。

他們編了一本詞典，裡面包含所有令人反感的行話術語，還辦了一場比賽，*看誰能夠提供最討人厭的「廢話」。其中，最多人討厭的廢話，包括leverage（利用）、bandwidth（資源與能力）、touch base（聯繫）、incentivize（激勵）、inoculate（灌輸）、bleeding edge（尖端）、robust（穩健）、synergize（產生綜效）、envisioneer（遠見家）。

你是機器人嗎？
請勾選含有行話的方格

CIRCLE BACK 後勤再談	MOVE THE NEEDLE 造成實質影響	TOUCH BASE 聯繫
PUSH THE ENVELOPE 挑戰極限	RUN IT UP THE FLAG POLE 測試看看	PING ME 傳訊給我
PEEL THE ONION 抽絲剝繭	SYNC UP 產生共識	••• think outside the box. 破框思考

---

* 作者注：獲勝者可獲得免費前往加州鬥牛學院（California Academy of Tauromaquia）上課的大獎。〔譯注：Tauromaquia是鬥牛（bullfighting）的意思，而bull除了有「公牛」的意思，也有「廢話」的意思，bullfighting引申「消除廢話」之意。〕

然後，他們寫了一個程式，用來掃描電子郵件或文件的內容，計算出一個從1到10的「廢話指數」。10是像口語般平易近人，1是指廢話連篇。

當廢話指數特別低時，也會收到幽默的評語，例如：

診斷：你活在一種晦澀難懂又難以改變的罕見狀態，只有其他一樣晦澀難懂的人了解你想傳達什麼。你的句子裡充滿了查字典也看不懂的單字，廢話研究所的專家會想付費研究你。

這套軟體也提供消除廢話的建議。例如，你在文件中用了bandwidth（資源與能力；原意為「頻寬」）這個英文單字，軟體會標出是廢話，提供實用的替代用語，例如：capacity（能力）或time（時間），然後附上一段打擊自尊的多餘評論：「你已經落到這步田地了：被動地輸送一切，有點像光纖電纜——另一個讓人聯想到1990年代後期科技狂潮的字眼。」好酸！

他們把那個軟體戲稱為「鬥牛士」（bullfighter，「廢話剋星」的意思。）軟體一上線就爆紅，不僅內部員工火速下載，全球各地的外部人士也下載了4萬多次，而且效果幾乎是立竿見影。那個軟體就像住在員工電腦裡的犀利圖書館員，隨時提醒使用者別再使用那些廢話。套用費傑爾的說法，那些字眼「把我們從風趣、誠實、迷人的文人雅士，變成無聊又呆板的生意人。」

不久，溝通的清晰度大幅改善，這也向員工及客戶傳達了重要的訊號。但另一件重要的事情也發生了：大

家的行為開始改變。費傑爾說：「這套軟體讓我們的員工更勇於冒險、敢於嘗試新東西。它讓我們向外人展示——也提醒自己——我們是一家有靈魂的公司。它讓外界知道，我們願意用不同的方式做事，包括（倒抽一口氣！）真正有趣的事。」

最後一句很重要：真正有趣的事。費傑爾與同事所經歷的改變——不只在語言上，還有行為上——讓人回想起前面提到的沙皮爾－沃爾夫假說。科學家和語言學家認為，文字不僅是了解我們的為人及言行舉止的途徑，也會塑造我們的為人及言行舉止。簡言之，如果我們書寫用字很像機器人，不久我們的言行也會開始像機器人。但人類和機器人有什麼不同？人類懂得找樂子。

所以，我們要如何改變呢？首先，當然是消除廢話。無論是面對面溝通，還是透過電子郵件交流，都不要把個性排除在外。

接下來，你可以做的就是：實際發送訊息，激勵其他人也這樣做。

發送訊息

我們在史丹佛大學教到這個主題時，會請學生在課堂上做一件事，他們通常都覺得很意外。我們會請學生拿出手機，點進電子郵件寄件匣，把最近寄出的五封（非私人）電子郵件，轉寄給班上的一位同學。這項練習的目的，不只是為了找出「廢話剋星」軟體可能揪出的行話術語而已，也是為了看寄件人是否為收件人提供一個

輕鬆回覆的機會。你可能已經料到,這種情況非常少見。

現今員工平均花將近30％的工作時間在電子郵件上,每天收到一百二十封電郵。[3]但線上交流——無論是透過電郵、群聊、簡訊、TikTok,或是取代這一切的新科技——沒有必要那麼傷神。你可以把數位訊息,想成邀請同事及夥伴真心聯繫的小機會,即使只是融入一點輕鬆元素,也可能引發連鎖反應,進而改變動態。

接下來,我們會說明一些最簡單實用的方法,教你把輕鬆元素融入你發送的訊息中。這些出奇簡單的技巧,可以把乏味的對話,變成一次次真實的交流。

使用扣題

第3章提過,扣題是重提你與對方之間的共同經驗,把某個瞬間變成知情者才懂的笑話。扣題的效果特別強大,因為對方可以輕易地以同樣的方式回覆。就像你烘焙麵包使用速發酵母一樣,只要加一點,就可以看到麵團慢慢膨脹。

達莉雅接受我們的訪問時,分享了她的實例。某天,她提早下班去剪頭髮,她和老闆薩加爾開玩笑說,她忙著處理要提交給客戶的檔案,那個檔案可能不完美,但至少她的頭髮會很完美。

當晚稍後,達莉雅把完成的檔案寄給老闆,並用上了「扣題」的技巧。

薩加爾：

附件是更新的檔案。今天早上我們聊過，我覺得我們需要跟上頭談談，這份檔案是啟動高層對話的好工具。

　　請讓我知道這份檔案是否還需要修改，還是它已經跟我的頭髮一樣完美了。

達莉雅

薩加爾立刻以同樣的方式回覆：

達莉雅：

無須修改，就跟妳的頭髮一樣：完美。好好跟家人去度假吧。

祝頭髮總是完美，
薩加爾

　　就這樣，達莉雅強化了她和薩加爾先前共有的輕鬆時刻，創造出另一個新的時刻，讓薩加爾可以輕鬆地以同樣的方式回覆。值得稱道的是，薩加爾不僅肯定這種輕鬆的態度，連信尾的祝詞也跟著發揮一下。

　　重提之前共同經歷的時刻通常很有效，不過像達莉雅那樣，重提你和對方一起歡笑的時刻特別有效。我們有一位同事每次和新客戶通話時，都會刻意這樣做。通話的過程中，免不了會出現一些歡笑時刻（無論是因為狗叫、連線不佳，或是有人開玩笑），她會馬上記下來，在旁邊標注星號。她沒有刻意去營造那些時刻，但她說，自從她開始注意那些時刻之後，這些年來，只有少數幾通電話沒有加注星號。她會在後續的電郵中運用

扣題的技巧，重提一兩個她最喜歡的歡笑時刻。

　　扣題的好處是：可以輕易融入電郵的任何部分。如果你想找扣題的捷徑，可以學薩加爾那樣，把它放在信尾。

信尾加點趣味

　　電郵的結語，透露了很多關於你的訊息。你習慣以內斂又正式的「Kind regards」（親切問候）作結，還是以有點攻擊性的「Thanks in advance for your help」（先謝謝你的幫忙）作結，或是以歡樂（帶點英式的）的「Cheerio」（再會）作結呢？這類結尾會發出微妙的訊號，透露出你的整體情緒、狀態，以及你是否經常泡酒吧。

　　就像前文的薩加爾示範的，信尾也是展現輕鬆態度的好地方，下列是幾個引起我們注意的幽默結尾方式。

求助時：With fingers and toes crossed,（手指和腳趾都交叉）#

為回信慢得離譜致歉：Sheepishly,（慚愧問安）

埋頭苦幹中：Yours, heavily caffeinated,（猛灌咖啡因的某某某謹上）

提及某次通話時有狗吠聲亂入：Still wondering who let the dogs out,（還是不解是誰把狗放出來了）

譯注：一般只講fingers crossed，「交叉手指」是指祈禱、祈求好運的意思。這裡連腳趾也交叉，是誇示法。

善用最後的 PS

　　教授兼作家西格弗瑞德‧弗格勒（Siegfried Vögele）針對信件的撰寫，做了一系列有名的研究。他發現，高達90%的收信者在讀信件的正文以前，會先看附言的PS。[4]也就是說，你的PS可能是收件人對你的第一印象，而不是最後印象。

　　電子郵件也是如此。這好像實現了兒時的夢想：先吃甜點，再吃正餐。所以，PS是在正經八百的電子郵件中加入一點輕鬆元素的有效方法，下列是一個例子：

> 嘿，馬克，
>
> 我不確定你是否收到昨天寄給你的超連結，所以想再寄一份低技術、永遠不會出錯的PDF給你。裡面有一些圖表，如附件，供你參考。
>
> 祝好，
沙奇
PS. PDFs are the new black.（正夯！）

　　等等！PDF是一種顏色嗎？不是。「PDF是新黑色」，這句話原意說得通嗎？幾乎不大通，但不知怎的，卻有幽默的效果。（至少對馬克來說夠幽默，因為他覺得值得提出來跟我們分享。）這個技巧之所以很簡單，是因為通常隨機加一句無厘頭的話就有效果。例如，簡單寫下此時此刻對你來說很真實的事情，例如：「PS.土桑市好熱」或「PS.舊金山正在下雨」，可讓人覺得你是真人、不是機器人。

　　無論是隨機加入一句無厘頭的話、使用扣題，或是提及你和收件人才知道的笑哏，語氣輕鬆的PS就像電郵版的慧黠眨眼，不僅顯示你們彼此的關係親近，你也在邀請對方用同樣輕鬆的方式回覆。

把握「休假自動回覆」的機會

　　工作時為職場添加輕鬆的氣氛是一回事，但真正精明的人知道如何在不工作時，也為職場添加輕鬆的氣氛。設計令人難忘的「休假自動回覆」（out-of-office reply, OOO）是一門藝術，IDEO的全球學習與發展長海瑟‧柯里爾‧杭特（Heather Currier Hunt）可說是這方面的佼佼者。

　　對杭特來說，在「休假自動回覆」中加入輕鬆元素，是「把自動回覆從撲空（沒人在）變成大豐收（這

典型的休假自動回覆方式

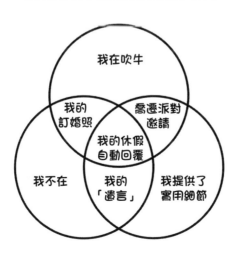

讓我心情大好）的機會。」

下列是典型的休假自動回覆範例：

> 我正在休假，7月10日（週一）才進公司。如果您需要立即協助，請聯繫……。

中規中矩，下列是杭特的休假自動回覆：

> 我正在國外，這裡的WiFi是我用過最不穩定的，可說是正念的具體化，在你最需要連線時，也會斷你成千上萬遍。等我7月10日回紐約，我會與您聯繫。紐約的數據流就像地下伏流一樣，不舍晝夜。這段期間，感謝您的耐心等待。

這些年來，杭特幽默的休假自動回覆，收到了許多逗趣的回應，有的是來自親近的同事，有的是來自剛認識的人。她發現，這種幽默的自動回覆「把交流方式從『我有請求或需要』，變成『我看到且聽到你了！』」，為她回到工作崗位時的回覆，預設了一種更有效的基調。

別擔心，你不需要像杭特那樣，刻意把輕鬆的搞笑文句加入休假自動回覆中，任何簡單、輕快、有人情味的文字，都可以發揮同樣的效果。例如，我們有一位同事最近去爬山，在那段期間寫信給他的人，都會收到下列的自動回覆：

> 嘿，您好！9月22日以前，我在內華達山脈自助旅行，那裡收不到訊號。您的來信會是我返家後最想趕快回覆的信件。
>
> 致上我的關愛（與偏心），
> 彼得

你可以在信尾使用扣題來增添趣味，加入一點誇張的元素，以及許多的人情味。

留下深刻印象

大腦做出判斷的速度出奇地快。研究人員納利尼・安巴迪（Nalini Ambady）與羅伯・羅森塔爾（Robert Rosenthal）讓一群學生看一段兩秒鐘的影片，影片中是幾位他們從未見過的教授。安巴迪與羅森塔爾請那些學生針對誠實、討喜、能力、專業等特質，為那些教授打分數。結果他們打的分數，和上那些教授的課整整一學期的學生所打出來的分數一致。[5]由此可見，大腦判斷的速度有多快。

雖然兩秒就做判斷似乎很極端，但你與他人初次見面所留下的印象，確實會影響兩人關係的發展，所以不要輕忽這種初次見面的機會。為初次見面做準備時，你可以尋找一些有助於建立彼此連結的線索，例如：研究一下對方的喜好、獨特的經歷，可能的話，也可以研究一下對方的幽默感。

例如，戴蒙德・約翰（Daymond John）很喜歡冷笑話。他也是成功的企業家，嘻哈服飾公司FUBU的創辦人兼執行長，以及ABC電視台《創智贏家》（*Shark Tank*）的投資者——他的成就驚人，可能會讓初次拜會他的人望而生畏。

所以，比利・吉恩・蕭（Billy Gene Shaw）與約翰約好首次見面時，事先做了功課，他決定以非傳統的方法

讓約翰留下第一印象。[6]蕭為初次見面做準備時，把約翰的推特發文都瀏覽了一遍，發現約翰在幾則推文中，提到他很愛冷笑話。例如，他在一段自拍影片中提到：「你知道有個鼓手有一對雙胞胎女兒嗎？他把她們取名為 Anna 1 與 Anna 2。」[#]

初次會面前，蕭去買了一本收錄了數百則冷笑話的書，自己閱讀，並在空白處為他最喜歡的幾則冷笑話加注。他們第一次見面時，他把那本書送給約翰，感謝他撥冗見面。

蕭的這個舉動，讓約翰留下了深刻的印象。約翰後來回憶道：「他知道，他對數位媒體的了解，可以讓我留下深刻的印象，但他忍不住以一種特殊的方式投我所好，那實在很貼心，我們因為這樣變成朋友。」

我們不見得都有機會當面令人留下深刻的印象。現在，別人只要上 Google 稍微搜尋一下，就會對素未謀面的我們產生先入為主的印象。所以，讓網路形象反映出我們想給人留下的印象，變得比以往更加重要。

想一想，你還沒「面對面接觸」，就已經「遇到」多少人了？幽默輕鬆的網路簡歷，就好像面帶微笑對那些人打招呼一樣。我們的學生史蒂夫・里爾登（Steve Reardon），以前找工作時就是這麼做的。

那是 2017 年，舊金山一家私募公司的負責人，想找一位企業家來經營她即將收購的一家新公司。招募經理

譯注：數拍時常唸「And 1, and 2...」，聽起來就像「Anna 1, Anna 2」。

篩選應徵者時，偶然看到里爾登的履歷。他的履歷令人印象深刻：擁有多年的營運經驗，成功轉手賣出幾家公司，又有名校MBA的學位，而且還有下列的簡歷：

> 史蒂夫・里爾登是執行經理，曾在許多產業任職，包括他自己創立的科技新創公司、一家中等規模的體育用品連鎖店、一家全球性的銀行集團。目前，他是ASG MarTech的執行長，ASG MarTech是由數位行銷Saas公司組成的集團，包括Grade.us、Authoritylabs、Social Report、Cyfe。他也主持政經播客《盲點》（*BlindSpot*），他的妻子與兩個女兒貼心地形容那是「又臭又長又沒料」的播客。

最後一句的語氣轉變，引起了招募經理的注意。相較於前面那些才華橫溢又合適的背景，那句話突顯出他的機智、謙遜與自信。招募經理因此決定請他來做一連串的面試。在第一場面試中，面試官就問他——你猜對了！——那個「又臭又長又沒料」的播客。後來，對方錄用他了。

當然，輕鬆幽默的履歷，不是讓他獲得錄用的最主要原因——錄用與否，通常也不是由單一原因決定的。但是，當你和成百上千個資格相當的應徵者競爭時，往往是一些小事（例如：讓招募經理會心一笑）令你脫穎而出，獲得面試的機會。有時，獲得面試的機會，是求職中最難的部分。

然而，為了幽默而幽默，未必能夠帶給你優勢，所以你需要把那些喜劇技巧好好地套用在專業履歷上。當你試著那樣做時，請記得下列四項訣竅。

1. 拿捏適當的平衡。幽默的簡歷應該至少和嚴肅的簡歷一樣令人印象深刻。有些人犯的一大錯誤是太搞笑。我們對史丹佛大學的學生進行調查時發現，在一份已經令人印象深刻的簡歷中，加入一兩句輕鬆巧妙的句子，會讓讀者覺得那位應徵者比較聰明、討喜，會更想要讓他來當同事，而且也會覺得他比較好看。寫簡歷時，不要刻意貶抑自己的成就。你應該善用輕鬆的字眼來顯示你的多才多藝，讓人覺得你不僅才華洋溢，也很幽默風趣。

2. 用輕鬆的語氣結尾。把「笑哏」留到最後，因為大家在看完你一長串的豐功偉業後，不會料到那個意外的轉折。里爾登就是如此，他用「妻子與兩個女兒貼心地形容那是『又臭又長又沒料』的播客」來塑造巧妙的反差。讀者本來以為他會列出他的播客所獲得的各方讚譽，沒想到卻是妻女的吐槽。也就是說，他以顯然相反的評論「又臭又長又沒料」投出變化球，讀者的前額葉皮質突然啟動了。

3. 策略性地挑選內容。不要只抓著有趣的內容不放，而是策略性地挑選輕鬆的元素，包括：（A）有助於減少大家可能對你產生的不必要觀感；（B）展示令人印象深刻、對個人很重要，或是光講起來就很爆笑的奇怪或尷尬細節。

如果你見到里爾登本人，很快就會明白為什麼他說他是個聲音洪亮、氣場強大的澳洲橄欖球員。他知道，同事可能會覺得他令人望而生畏，潛在雇主有可能覺得

他過於自信。他發現，幽默自嘲及分享家人的看法，可以讓他顯得更有親和力，也讓人看到他比較柔和的一面。（鄭重聲明，他對家人的愛不是策略性的。）

透露與你有關的有趣細節，而且那些細節又出人意料時，可以啟動不同類型的對話。聊聊你的播客、你對觀鳥的熱情，或是你收藏的武士刀，遠比你談許多其他的事情有趣多了。

4. **謹慎地自嘲**。對履歷特別出色的執行長來說，自嘲是一種精明的策略。但是，對職涯剛起步的人來說，這樣做可能有風險，尤其自嘲的話題是工作相關技能時，風險更大。試想，如果里爾登是應徵「製作播客」的工作，他最後那句話可能產生什麼效果？所以，自嘲時，最好拿一些與工作無關的事情來自嘲。邁克‧基夫斯（Michael Kives）來為我們的學生講課時，使用下列簡介：

> 邁克‧基夫斯是媒體與金融服務顧問公司K5 Global的創辦人兼執行長。他之前在Creative Artists Agency擔任許多演員、歌手、世界級領導人物的經紀人，包括阿諾‧史瓦辛格（Arnold Schwarzenegger）、凱蒂‧佩芮（Katy Perry）、華倫‧巴菲特（Warren Buffett）等等。高中時，邁克成為有史以來第一個、也是唯一兩次贏得世界辯論錦標賽冠軍的人，因此獲得「全球最有說服力的青少年」這個稱號。現在，他獨自住在洛杉磯，連寵物、甚至植物都沒有。*

＊ 作者注：我們很高興跟各位報告，邁克目前婚姻美滿。如果你想寄給他與妻女多肉植物的話，他們仍住在洛杉磯。

邁克透過策略性的自嘲，在無須貶抑專業能力下，同時展現了幽默與脆弱。

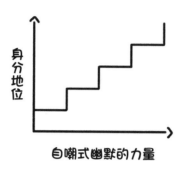

不同種類的企業晉升

（縱軸）身分地位
（橫軸）自嘲式幽默的力量

安度棘手時刻

到目前為止，我們看了在平凡瑣碎的互動中，加入輕鬆元素的方法。接下來，要學習如何在職涯的重要時刻加入輕鬆元素。

關鍵時刻來臨時，我們本能上會保持嚴肅——畢竟，需要敏感應對的時候，你不想給人輕率或冒失的感覺。但信不信由你，幽默可以幫助我們度過那些棘手的壓力時刻。下列是職場幽默專家在難以啟齒的狀況、做棘手的決策、說服他人在高風險環境中做同樣事情的一些方法。

難以啟齒的狀況

在完美的世界裡，職場生活是輕鬆、愉快、毫無衝突的，但我們都知道事實並非如此。當我們在職場面臨棘手或不安的對話與互動時——無論是提出個人擔憂、處理群體矛盾，還是化解尷尬局面——輕鬆幽默的方式，可以讓人更容易了解你說的話。

解救破壞者

約翰・亨利（John Henry）在全球某大企業擔任資深管理顧問，客戶包括多元產業的資深高管與董事。他發現，無論他走到哪裡，阻礙高效率工作的社會動態往往是一樣的，但是談論相關議題很容易激怒客戶。

所以，他在公事包裡放了一本中央情報局（CIA）的《簡單破壞實戰手冊》（*Simple Sabotage Field Manual*），這是美國政府官員設計的一套指南，教人如何從內部去破壞恐怖組織。這本手冊本來是戰略情報局（OOS，CIA的前身）在二戰期間開發的，誠如中央情報局所言，它是「教大家如何在職場上搞破壞」的指南。

若要破壞恐怖組織的行動與效率，或是典型的美國董事會會議，下列是美國最優秀的情報人員建議的一些策略：

1. 如果可能，把所有事項都交給委員會「做進一步的研究與考量」。盡量擴大委員會的規模，不要少於五人。

2. 演講。盡可能經常演講，講越久越好。而且，最好舉長篇軼事和個人經驗為例來說明你的「論點」。

3. 針對溝通、會議紀錄、決議的確切措辭爭論不休。

4. 盡可能頻繁地提出不相關的問題。

5. 重提上次會議已經決定的事情，想辦法重新討論那項決定是否明智。

現在想像一下，亨利和一些非常重要的客戶一起開會，那些客戶在無意間做出 CIA 建議的那些「搞破壞」行為。他們修改決策、糾結於細枝末節，把關鍵決策埋在層層的官僚架構下。這種令人不安的現實狀況很難直接點明，但亨利認為他身為顧問，就應該說出客戶需要聽到的諍言，而不是阿諛逢迎的話。

不過，他沒有羅列出公司領導高層做錯了哪些事情，而是迅速拿出那本《簡單破壞實戰手冊》，開始朗讀上面列出的建議。起初，那些高管尷尬地笑了，聽出他們正在做的事情就是在搞破壞。後來，他們開始覺得其實這樣很荒謬時，不禁哈哈大笑了起來。

有人建議你少設立幾個委員會是一回事；得知你無意間用了 CIA 建議的破壞手法來破壞自己的公司，那又是另一回事了。這個舉動所散發的純粹幽默，讓亨利以吸引大家注意及鼓勵改變的方式來傳遞令人不安的訊息，同時讓大家欣然接受。

承認錯誤

　　另一位接受我們訪問的人表示，令她不安的是承認自己犯下的錯誤。索娜爾‧納依克（Sonal Naik）為一家跨國IT公司的產品主管規劃為期一天的外地活動，那家客戶公司的市值高達四百億美元，她負責設計及主持的那場外地活動，將有二十幾位高管參加。那是由一群高管參與的重要活動，隨著日期逼近，她需要讓客戶了解及接受活動的設計。

　　由於時間限制，她只有三十分鐘的行前會議時間。於是，她在那場電話會議上用兩倍速說話，連珠砲似地講了很多事情，幾乎沒停下來喘氣。在她一口氣連續講了好幾分鐘後，客戶打斷了她的話，不耐煩地嘆了口氣說：「妳講太久了！真的太久了！」

　　納依克馬上按下靜音鍵，以免自己驚慌失措。

　　她花了片刻鎮靜下來後，以比較正面的語氣結束通話。會後她覺得，在展開重要任務的前夕，遭到客戶抱怨自己講太久，並不是獲得客戶青睞的理想方式。

　　因此，電話會議結束後，她發了一封非常簡短的電子郵件給所有的與會者，信中歸納了下一步的行動。信尾她沒有使用傳統的「謝謝」或「誠摯問候」，而是寫了「未來會記得簡潔扼要（In Future Brevity），納依克敬上」。

　　納依克沒料到有人會肯定這種自嘲。令她驚訝的是，她收到客戶團隊的三位成員回信，他們都參加了那次電話會議，顯然很欣賞那個笑話。其中一人寫道：

「哈！未來會記得簡潔扼要——不錯！」另一個人回應：「很棒的重點整理……確實很簡短，不長☺。」第三人回應：「我很喜歡那則簡短更新。」

活動當天早上，納依克見到執行長時，他熱情地和她握手，並對她會心一笑。後來，她很訝異那個小小的舉動，竟然緩和了他們之間的緊張關係，並在有點不順的行前會議之後建立了融洽的關係。

提點建議時

大衛・霍尼克（David Hornik）是奧古斯特資本（August Capital）創投公司的普通合夥人，他對創投團隊及他投資的創業者提出強硬但必要的意見時，是以幽默作為緩解緊張氣氛的工具。

霍尼克提到，某次開會時，行銷長描述他在降低「顧客招攬成本」方面的進展。表面上，數字看來很有說服力：當月的「顧客招攬成本」下降了30％。然而，他更仔細了解後，發現數字必須再降3,000％，那個「顧客招攬成本」才划算。霍尼克不能對這個事實睜一眼、閉一眼，但他也沒有公開指出那個難看的數字，令行銷長難堪或使他反彈，他只是笑著說：「太棒了！只要再做100次，我們就可以看到成果了。」每個人都聽出弦外之音，不禁笑了出來，連行銷長也笑了。

當然，令人不安的事情，不見得都適合以輕鬆幽默的方式看待（稍後我們將會探討這點。）但霍尼克指出，深思熟慮過展現的幽默，可以「緩和嚴厲批評的

打擊」。負面批評可能使對方產生反彈或抗拒，霍尼克說：「深思熟慮的玩笑傳遞一樣的訊息，但不會讓人感覺那麼糟。」

或者，套用生活風格的始祖瑪麗・包萍（Mary Poppins）的說法：「一匙糖，有助於苦藥入口。」

道別

為什麼道別令人不自在呢？我們偷偷摸摸地離開派對，避談死亡，寧可對戀人上演人間蒸發，也不願承認我們已經不愛對方。

在職場上往往也是如此。但離職時的告別方式，會給人留下持久的印象。有一個心理學原理名叫「峰終定律」（Peak-End Rule）：[7] 人對某次經驗的最深記憶，是在情緒最激動的時刻及最後的時刻。這表示，你離職後，大家對你記憶最深的兩件事是：你做過的大案子，以及你道別的方式。

一般常見的離職道別信，大多是依循下列的模式：

> 今天是我在_____的最後一天。過去_____年裡，我有幸與你們共事。我很喜歡這段與這麼多善良、才華洋溢的人共事的時光，並對我學到的一切充滿感激，希望未來我們有機會重逢。

打哈欠。

如果你真的與這些人共事過（我們假設你有，除非你是無法使用手機或無法上網的遠距工作者），我們知

道，相較於「希望未來我們有機會重逢」，你應該會有更溫馨、更個人的話想對同事說。

從無數小時的視訊會議、尷尬的電梯共乘、清除印表機卡紙時的閒談等等，你應該有足夠的經驗可以挖掘扣題的素材，或是指出你們辦公室文化的一些獨特之處。道別信可以是真誠由衷的，同時令人會心一笑。下列這封輕快的信就是一例，這是一位實習生最近離開某大出版社時所發出的道別信：

> 大家好，
>
> 大家可能已經從今天早上的甜甜圈知道，今天是我上班的最後一天。對我來說，這個夏天有如一場旋風。以前我的工作頭銜包括滑雪車駕駛、貓咪保母等等，這次的工作對我來說特別重要。所以，我衷心感謝大家給我這個機會，讓我參與你們的專案。也感謝大家不嫌棄我的糾纏，回答我提出的所有問題。謝謝你們與我共享奇怪的密碼，讓我旁聽你們開會，讓我每天都有歸屬感（也謝謝你們提供的甜甜圈。）我很感激這裡的點點滴滴，也感謝這裡的每個人。一個小時後，我必須交回識別證，回家開始打包行李，但我希望我離開後，大家可以順道來我的辦公隔間，我在這裡留了一些東西給每個人，有些是可以吃的。
>
> 滿懷感激，
> 凱特

我們都可以在道別時，加入一點輕鬆幽默與人情味，讓道別不再那麼痛苦，並且留下持久的正面印象。

說服別人

雖然職場上事關重大的情況有無數種，其中一種可能特別關鍵，那就是提出「要求」——當你有求於人、需要說服對方答應的時候。有時幽默可以增強你的說服力，幫助你得到你想要的東西。

先跨進門

暢銷塑身衣廠商Spanx的創辦人兼執行長莎拉・布蕾克莉（Sara Blakely）就是一例。Spanx草創時期，布蕾克莉面臨的一大挑戰是：讓知名的零售商在店內銷售她的產品。她知道那並非易事，畢竟Spanx當時是無人知曉的新品牌，想要進入競爭激烈的市場。而且，顧客打錯這個品牌名稱時，很容易被導向某個色情網站。

在資金有限、人脈更有限的情況下，她別無選擇，只能拿起電話，開始做陌生電訪。她打遍了整串零售清單，包括Neiman Marcus、Nordstrom、Saks Fifth Avenue、Bloomingdale's、QVC等百貨零售通路，但是都沒人回她電話。布蕾克莉相信，她只要和採購人員通五分鐘的電話來推銷她的產品。但這說起來容易，做起來卻很難。

於是，她靈機一動，買了幾雙鞋，在幾個鞋盒中，各裝入一隻高跟鞋和一張手寫的信箋，上面寫著：「我只是想先跨進門，方便占用您幾分鐘的時間嗎？」，再附上她的電話號碼。然後，她把鞋盒拿到郵局，寄給這

些零售通路的採購人員。

結果，這招奏效了！逗笑了 Neiman Marcus 的採購，他真的回了她的電話。後來，他們達成的交易讓布蕾克莉奠定了根基，幫助她和其他大型零售通路建立了關係。不到一年，布蕾克莉就已經成功打入最初那份零售清單上的每家公司，還進入更多的零售通路。

點出敏感話題

在長達數十年的職涯中，海蒂‧羅伊森（Heidi Roizen）的工作橫跨了矽谷發展的早期、蘋果、創投、無數公司的董事會。但她經常發現，自己通常是一屋子男性中的唯一女性。她在某家上市科技公司擔任董事的初期，發現自己在開會時遇到一個微妙的問題：每次大家開會休息片刻回來後，她才發現其他的董事去洗手間時仍繼續討論，甚至在裡頭做出了決定。

羅伊森說，她想讓大家了解這種性別差異，並讓那些男士停止在（該死的）洗手間裡討論公事。所以有一天，董事會離開會議室去休息時，她直接說：「如果你們要繼續在洗手間裡討論……我會跟進去。」

她的方法簡單、幽默、令人卸下心防，而且馬上見效。羅伊森說，那句話逗得大家哈哈大笑，那些人也做出了她想要的改變。她以擦邊球、不帶指責的方式傳達了想法，她指出了問題，但不讓同事感到難堪。

請求（及一再請求）

提出請求很難，提出請求並獲得首肯更是難上加難。如果你希望別人為你做什麼（無論是採購你的商品、進行寶貴的交流，或是停止在洗手間裡討論公事），很可能你的請求並非對方的要事。

你應該聽過這樣的建議：提出請求時，最好提供對方一些有價值的東西，例如：資訊情報、一籃水果、你的寵物蛙……*隨便什麼都行。信不信由你，其實博君一笑也可以。

我們通常不會把「博君一笑」視為我們可以給予他人的東西，但那確實是一種給予。一般人——尤其是位高權重的人——對於「請求」的反應，往往是直接給閉門羹，那是一種保護自己及捍衛時間的自我防禦機制。但是，把對方逗得哈哈大笑，甚至只是微笑，可以讓對方敞開心扉，那是再怎麼貴重的禮物也很難做到的。

當你已經提出請求，還差臨門一腳時，這個原則同樣適用。你可能體會過發出下列電郵後內心產生的那種自我厭惡感：「嗨，我只是想問一下上次……」，「嗨，你好，我只是想了解……的最新情況」，或是「很抱歉，我知道我可能很煩，但是……。」這種信可能令雙方都痛苦，但其實沒必要這樣。

不久前，我們的受訪者麗蓓嘉突然遇到一個難題：對方人間蒸發。那個對方不是她的約會對象，而是跟金

---

* 作者注：如果你看懂這個扣題（第2章談議價時提過），我們為你感到驕傲。

錢有關的合作夥伴。她為一位前同事做了一些自由撰稿的工作，對方已經積欠了幾筆酬勞未給。於是，她發了一封信去提醒對方，但石沉大海，音訊全無。她禮貌性地透過電郵和簡訊再次提醒，對方依舊沒有回覆。過了幾週，她又發了一封信，還是沒用。

在幾個月音訊全無下，她給那位前同事發了一則簡訊，上面只有一張圖片：

多次由衷的懇求失敗後，一隻可愛又絕望的貓，搭配愛黛兒（Adele）的改編歌詞，終於打動了對方。對方在收到簡訊幾分鐘後就回覆了；幾週後，錢終於匯入了麗蓓嘉的戶頭。

這個實例的啟示很明顯：有趣或輕鬆的提醒方式，通常比客氣有禮或平淡無奇的方式更快獲得回覆。但所謂輕鬆的提醒不見得要多搞笑或多精彩，甚至不一定要跟貓有關，只要讓輕鬆元素有效發揮作用就行了。

改變心態&釋放團隊創意

前文討論了日常輕鬆溝通的小技巧與棘手時刻的應對，現在來看如何以策略性的方式，運用輕鬆元素來幫忙轉念，幫助團隊在工作上發揮創意與效率。

打破隔閡

當我們參加研討會、外地訓練或任何需要密集投入工作的集會時，常會心不在焉地抵達現場。我們心裡往往掛念著：隔天誰負責接送孩子，或是擔心正在生病的親人，或是想著五點將送達的生鮮快遞——到時候，我應該已經回到家了吧？

聚會一開始的最初幾分鐘，先清除這些干擾很重要，我們啟動工作的方式，對團隊動態有特別大又深遠的影響。以輕鬆的方式啟動工作，是建立正面心態的強大方法，使我們擺脫既定的習慣與思維模式（至少暫時可以），確保每個人都準備好全力以赴。

提到以輕鬆的方式來啟動團體活動時，你可能會直接想到一件事：如何消除初次見面的可怕隔閡？如果你在企業界待過一段時間，可能遇到這種情況很多次，例如：玩團康遊戲「人結」（Human Knot）、#「兩真一假」

\# 譯注：「人結」是讓剛認識的人學習在身體接近的情況下一起合作。玩法為：所有的組員圍成一圈，用雙手握緊其他組員的手，但組員不能用雙手握著同一人的雙手，也不能握著身旁兩位組員的手，每一隻手不能握住一隻手以上。當所有組員的雙手都握緊、形成一個人結後，他們要在手不分離的情況下，把整個人結解開，重新形成一個大圈。

（Two Truths and a Lie）猜謎，[#]或是問：「如果你可以變成水果，你最想變成哪種水果？」等方式來破冰。但打破隔閡不見得要用這種刻意、累人、了無新意的方式，輕鬆幽默也是幫助大家做好準備的方法。

我們訪問的幽默專家所採用的方法，主要分成三類：傳統的破冰法（有但書）、定調法、冷開場。為了說明前兩類的用法，讓我們一起去加州納帕（Napa）的一個會議廳，那裡有兩個史蒂芬正在努力工作……。

傳統的破冰法

八月一個溫暖的早晨，NBA球星史蒂芬·柯瑞（Stephen Curry）在納帕為他的新事業SC30公司召開一場外地會議。那家公司是他和好友兼大學隊友及商業夥伴布萊恩特·巴爾（Bryant Barr）合創的，目的是把柯瑞的品牌擴展到球場外，進入聯名合作、媒體、投資、慈善等領域。

二十幾個策略合作夥伴所派來的代表，魚貫進入一間明亮的會議廳，他們還不知道今天是來參與什麼活動。柯瑞的想法很簡單，但顛覆了一般的想法：他不單獨會見每個合作夥伴，而是把他們聚在一個地方，一起找出他們在SC30生態系統中合作的機會。當天的與會者，包括大型全球企業的高階主管，例如：樂天、卡拉

[#] 譯注：一個人說三句有關自己的事情，其中兩句是真的，一句是假的。其他組員需要問問題，以判斷哪一句是假的。那個人回答問題時，若和那兩句真話有關，需要照實回答，但可以說謊隱瞞那句假話。

威（Callaway）、安德瑪（Under Armour）等等，以及
SC30投資的那些公司的創辦人、柯瑞的私人顧問團，還
有一小群他信賴的親友。

他們等待柯瑞抵達時，現場氣氛緊張又興奮。每個
人都想讓其他人留下深刻的印象，尤其是讓柯瑞留下好
印象。

幸好，SC30的總裁巴爾有備而來，準備了一個破冰
的暖場活動來幫大家放鬆，目的是為大家創造共同歡樂
的時刻。

巴爾請在場的每個人挑一個合作夥伴，他會問大
家一連串的問題，從「談談你曾被看扁的經驗？」，到
「你對戀愛或婚姻的最佳建議是什麼？」。*巴爾大聲朗
讀這些問題後，兩人有六十秒的時間互相回答，並在鈴
聲響起後，換下一個合作夥伴。

這個暖場活動很熱鬧，也很混亂，完全出乎大家的
意料之外。不久，整個會議廳充滿了歡笑及熱絡的交
流。當暖場活動接近尾聲時，每個人都覺得彼此相處更
自在了，也準備好一起合作。

傳統的破冰法遭到一些無辜的惡評。不可否認，有
些破冰活動確實有點無聊（例如：「如果你可以變成水
果，你最想變成哪種水果？」），但只要經過用心設計，
這類暖場活動確實可以發揮社交潤滑劑的效果，讓大家

＊ 作者注：這一題是娜歐米從朋友兼前同事薩加爾・塔卡爾（Saagar
Thakkar）那邊學到的，塔卡爾在創新會議上用過這一題。如果你正在尋找戀
愛方面的建議，塔卡爾蒐集了很多。

有機會展現脆弱、誠實與親近。最好的破冰法是在嚴肅與輕鬆之間拿捏恰到好處的平衡，在引發笑聲的同時，也讓大家專注於重要的目標。

但破冰法不是幫助大家打破隔閡的唯一方法，優秀的領導者知道如何以簡單的行動和舉止設定他們想要的基調。

定調法

柯瑞知道那天在納帕設定恰到好處的基調很重要。與會者在暖場活動後，可能比剛進來時輕鬆了，但是當柯瑞走到會議廳前面時，他們的背部又開始僵硬了起來。他們彼此之間相處得更自在了，但依然不確定該如何面對他。

柯瑞以真誠親切的開場白拉開活動的序幕，與會者適時地點頭並露出微笑……，但現場依然瀰漫著一股低沉的緊張氣氛，柯瑞顯然也感覺到了。所以，他在結束講話後，沒有馬上退回後台休息，而是宣布：「最後，我想以我最愛模仿的史蒂夫・鮑爾默（Steve Ballmer）*來結束。」

現場的人面面相覷，滿臉困惑。

柯瑞馬上挺起胸膛大喊：「誰來這裡很興奮？！？！？我興奮死了！！！！！我很興奮來到這

$*$ 作者注：如果你看不懂笑點，請先上網搜尋「Steve Ballmer Going Crazy on Stage」（鮑爾默在台上發瘋），看這位微軟前執行長的影片，再回來看書。

裡！如果你不興奮，你有問題！！誰很興奮？？！！」

就這樣，現場氣氛完全變了。全場哄堂大笑，有人瞠目結舌愣在原地，有人露出不敢置信的表情。每個人都立刻放鬆下來，原本的禮貌微笑變成哈哈大笑。柯瑞完全不顧形象地耍寶，不僅炒熱了現場氣氛，也提升了大家合作的可能。他清楚地讓大家知道，雖然他們是來談正經事的，但不必在這個場合上太過拘謹。

柯瑞這個例子顯示，破冰其實不見得一定要採用某種結構完整的活動，有時只要傳達恰到好處的訊息就夠了。人類是社群動物，我們很容易模仿群體中地位最高的人，這表示領導者可以透過以身作則的方式來營造輕鬆的氣氛，為團隊合作創造必要的條件。

冷開場

第三種營造輕鬆氣氛的方法是難度較高的破冰法，名為冷開場。冷開場可以有效抓住大家的目光、令人難忘，通常是專業主持人最愛的工具。

社會學家兼策略對話設計師克里斯‧厄特爾（Chris Ertel）就是這方面的專家，他和麗莎‧凱‧索羅門（Lisa Kay Solomon）合著了《影響力時刻：設計「策略對話」，5核心原則驅動團隊高效解決問題》（*Moments of Impact*）一書。「策略對話設計師」是他為自己做的事情發明的頭銜。厄特爾最愛的冷開場方式之一，是他設計的「左右相反自行車」，靈感源自工程師德斯汀‧桑德林（Destin Sandlin）的爆紅影片。

「左右相反自行車」的運作原理和一般自行車一樣，只不過當你把龍頭把手往右轉時，車輪會往左轉；當你把龍頭把手往左轉時，車輪會往右轉。你可能覺得，既然我們都學會騎自行車了，學騎這種奇怪設計的單車應該再簡單不過了——才怪！

厄特爾的冷開場是這樣的：他把「左右相反自行車」放在會場的前面，會議一開始先找來一個志願者。他拿出一頂安全帽，要求志願者把那輛自行車從會場前面騎到後面。當然，志願者嘗試後失敗了。等到現場的笑聲平息後，他先暫停實驗並解釋：「這一定是因為有知識鴻溝，才導致你不會騎單車，因為我還沒給你必要的資訊。」於是，他詳細地解說那輛自行車的運作方式，志願者自信地點點頭，準備再試一次，他覺得自己已經掌握訣竅了。

但是，他再次嘗試之後，依然失敗了。厄特爾又找來另一位志願者，當然他也失敗了。

厄特爾再次暫停實驗，假裝困惑地說：「你們已經擁有必要的資訊了，知道如何用新的方式騎這輛自行車。現在我們面臨的，肯定是動機問題！我給大家的誘因不夠大。」語畢，他伸手進口袋掏出200美元，然後張大眼睛問道：「現在，誰想試試看？」

結果大家紛紛上場試騎那輛車，有些人騎得搖搖晃晃，有些人甚至摔倒了。他們都自信滿滿地上場，試了各種技巧，有些人甚至試圖作弊。與此同時，現場充滿了笑聲。

　　這聽起來可能很像某種捉弄新人的入會儀式，但實際上，那輛自行車的設計是為了闡明一個原則，而厄特爾主持那場會議的目的，就是為了教大家運用那個原則來解決問題。「左右相反自行車」顯示，即使我們知道應該「如何」改變，也有改變的「動機」，但改變依然很難。

　　過程中，厄特爾蒐集了大家的想法，把那些想法拼組成他們都會講的故事。根深柢固的思維、行為、流程模式，構成了當天挑戰的基礎。如果沒有持續的投入與挫敗，他們不可能看到成功。他藉此傳達的訊息是：任務雖從今天開始，但會延伸到很久以後。這個比喻為當天的任務奠定了基礎與脈絡，在過程中也製造了歡笑。

激發創意

　　在本章結束之前，如果不談談下列這個主題，那就是我們的疏失了：當手上的任務是激發創意時，輕鬆幽默可以發揮什麼強大的效用？

　　幽默有助於頭腦靈活運作，讓我們看出之前沒看到的關連、型態與詮釋，開拓我們的視野，讓我們感到放心，並為創意發想開闢沃土。誠如達賴喇嘛所說的：「笑有益思考，因為笑的時候，比較容易接受新的想法。」

　　為了深入了解實務上如何運用輕鬆幽默來激發創意，我們來看幾個受訪者的例子。他們的例子顯示兩種把輕鬆幽默融入腦力激盪流程的方法，一種是間接的，另一種是直接的。

糟點子腦力激盪

　　阿斯特羅・泰勒（Astro Teller）是電腦科學家、創業家及人工智慧先驅，領導X實驗室——前身是Google X的研發機構，有「登月工廠」（Moonshot Factory）之稱。X實驗室是由一群發明家及創業者所組成，目標是開發新科技以改善數百萬、甚至數十億人的生活。他們的使命是以新創公司的速度與雄心，解決世上最棘手的問題。簡言之，他們致力於開發突破性的新技術，解決世上最棘手的問題。

　　因此，他們需要一套強大又高效的流程，激發大膽又新奇的創意。泰勒發現一種出人意料的方法很有效：他鼓勵大家提出各種「糟糕」的點子。

　　泰勒說：「如果我告訴大家：『開始腦力激盪一些好點子。』大家會想：『天啊！我提出的每個點子，都必須是好點子。』」他指出，「好」這個字，會限制團隊的思考方式。但如果他刻意要求他們提出「最蠢、最笨的點子」，大家經常提出更瘋狂但更好的方案。這種腦力激盪充滿了滑稽的想法，引起大家哈哈大笑，但也產生很棒的結果。

　　泰勒解釋，唯有讓我們從「正常」或嚴肅的壓力中解脫出來，才能釋放創意自我。他說：「你的腦中有一股聲音說：『別說傻話』」，但大腦在篩除你最愚蠢的想法時，也會一併篩除你最聰明的想法。「天才點子一開始聽起來都很瘋狂。」

你也可以試著舉辦「糟點子腦力激盪」。與其安慰團隊「世上沒有糟點子」，不如直接要求他們想出最愚蠢、最瘋狂、最糟糕的點子——那些他們認為不可能奏效的點子。過程中，室內氣氛會開始轉變，大家不再拘泥於正統的作法，有說有笑，甚至可能激發出一些起初意想不到的絕妙方案。

專家笑料

2017年，一家全球零售商面臨生死存亡的危機：來自線上通路的競爭日益激烈，導致他們的門市足跡流量（亦即客流量）迅速萎縮。*一切照舊的模式已經不可行了，他們需要迅速想出新的點子。他們聘用的創意公司策略團隊，找上了一個出人意料的合作夥伴：麥特·克里曼（Matt Klinman）。

克里曼是《洋蔥報》影音頻道前編劇主筆，也是Pitch的執行長。Pitch是一款源自《不搞笑，毋寧死》（Funny or Die）的喜劇寫作app，就像網路上的巨大編劇室，成千上萬名喜劇編劇聚在那裡磨練搞笑技藝、銷售笑話，「相互砥礪」（套用克里曼的說法）。

你可能看過那些編劇為他們合作過的品牌編寫的許多笑料，包括推文、行銷文案、電視廣告等等。**

＊作者注：「門市足跡」這個說法，為「減少足跡」創造出新的（負面）意義。
＊＊作者注：有一些主題是編劇為了好玩，只寫給彼此看的，例如：「令人不安的一些怪事」。這個主題下面的回應包括：「我的貓只對我男友喵喵叫」；「每次我想把煎餅翻面時，第一次總是失敗」；「我的耳朵小到無法夾香菸」。你剛剛是不是檢查了自己的耳朵？我們也是。

　　幾年前，克里曼發現，許多客戶想把Pitch用在截然不同的地方：用來發掘有關商品、受眾、資訊的寶貴見解。因為，一如我們所知，每個笑話的背後都隱藏著日常生活的真相，喜劇演員是世上最擅長挖掘這些真相的專家。

　　所以，當創意公司的策略師帶著手頭上的挑戰（零售門市該如何與電子商務競爭？）去找克里曼時，他做的第一件事，就是把它變成一種笑話的鋪陳：去實體商店購物比上網購物好的原因。他把這個問題貼上Pitch，幾百位編劇看了題目後，開始絞盡腦汁思考。

　　不久，笑點開始湧入，例如：「亞馬遜不會連衣架一起送你」、「家裡不是Sbarro披薩」、「因為我的新年新希望是結識新朋友」。在短短幾個小時內，克里曼和那家創意公司的策略師，就收到數百則按好笑程度排列的笑話。

　　每個笑話的背後，都隱藏著真實的洞見。例如：「亞馬遜不會連衣架一起送你」，顯示小小贈品也可以發揮很大的效用；「家裡不是Sbarro披薩」則是提醒我們，民眾喜愛逛街，愛吃的人喜歡街上美食，那是上網購物無法立刻享有的；「因為我的新年新希望是結識新朋友」，顯示網購是一種單獨的活動，在這個疏離感日益加深的世界裡，大家渴望面對面的聯繫。

　　那家創意公司從笑話中挖掘出這些真實的洞見。這種創造笑話、而不只是思考點子或方案的流程，使他們開發出一套有創意的店內體驗新策略，其中包括一些直

接從笑話擷取的元素，例如：重新設計門市動線布置，促進面對面的互動。

你和團隊也可以這麼做。想要有效刺激出源源不絕的創意嗎？只要想出一個具挑戰性的問題（像創意公司的策略師那樣），把它變成笑話的鋪陳（像克里曼那樣），然後請團隊成員把笑哏寫在便利貼上。蒐集大家寫的便利貼，以匿名的方式貼在板子上，讓大家欣賞那些內容，開始按現實世界的主題進行分類。（提示：鼓勵他們先閱讀本書第3章，為喜劇超能力做好準備。對了！我們之所以推薦大家這麼做，是為了結果，不單是為了提升這本書的銷量☺。）

如果你認真看待啟動團隊創意思維這件事，應該考慮聘請專業的喜劇演員提供協助。喜劇演員特別擅長發現隱藏在生活角落的微妙真相，那是他們天天在做的事情。（如果你不認識任何喜劇演員，歡迎你來信詢問，我們認識很多！）

無論你想幫團隊轉變心態，還是只想把LinkedIn上的簡歷寫得更好，輕鬆幽默都是培養更多人際關係、提升績效、在順境中強化關係、在逆境中培養韌性的重要工具。儘管不是每種情況都適合引人發笑，我們希望這本書已經為你提供許多方法，幫助你為苦悶的職場生活增添一些樂趣。

第 5 章

以幽默

領導

「如果沒有人
追隨你的領導，
你只是
在散步。」

——約翰・麥斯威爾（John Maxwell），
　　國際知名領導學專家、演說家

2009年一個秋高氣爽的夜晚，bareMinerals公司的創辦人兼執行長萊斯莉·布洛潔（Leslie Blodgett）坐在廚房裡，一邊寫筆記，一邊喝伯爵茶，腦中浮現一個想法。她隨手記下一些靈感，又啜飲了一口茶。

布洛潔的公司是礦物彩妝及護膚產品領域的先驅，主要是靠滿意顧客的口耳相傳，在市場上打下一片天地。不過，在美國史上最嚴重的經濟衰退中，公司的業績減緩。布洛潔表示：「即使經濟惡劣，我還是想幫女性在不景氣中維持容光煥發。」

所以，她決定在《紐約時報》上刊登全版廣告。執行長想採用這種昂貴又高調的廣告方式時，大多會依賴文案團隊、諮詢品牌策略家，或交給公關團隊處理。

但是，布洛潔想自己來。

那天晚上，她隨手記下的靈感是發自內心的，充滿了真實、脆弱，也是輕鬆的。她與平面設計師來來回回討論後，把下頁的廣告發給了《紐約時報》。

在業務艱困期，布洛潔把公司的精神——以及她自己的精神——充分展現出來，不僅與顧客連結，也與員工連結。她回憶道：「經濟很不景氣，動盪不安，充滿了不信任。那則廣告舒緩了無處不在的緊繃氣氛，非常基本，也不談專業，討喜又真實。」對她來說，注入輕鬆元素不僅自然，而且非常重要。她解釋：「在不安的時刻，幽默變得更出人意料。所以，當幽默出現時，大家馬上深受吸引。」

The advertising experts tell us that people don't read lots of copy.

I really hope not because this cost a fortune.

MAYBE YOU'VE HEARD OF US. IF YOU HAVE, IT'S MOST LIKELY BECAUSE SOMEONE TOLD YOU ABOUT US. We aren't the type to swing from chandeliers to get noticed (although we do have a fondness for chandeliers—they appear in every one of our boutiques). You also won't find us hiring celebrities to speak for us. Don't get us wrong, we love famous people, but we just don't feel we need to pay them to talk about our products.

Back to the reason for this letter. **WE ARE THE PEOPLE BEHIND** bareMinerals, **THE GREATEST MAKEUP ON THE PLANET. WOMEN OFTEN TELL US THAT OUR PRODUCTS HAVE CHANGED THEIR LIVES.** We love hearing this and believe it based on all the awesome emails we receive.

WE ARE PRETTY MUCH EXPERTS ON THE SUBJECT OF SKIN. OUR FOUNDATION IS THE MOST POPULAR PRODUCT OF THEM ALL. IT HAS WON A GAZILLION AWARDS, AND MILLIONS OF WOMEN USE IT. We're really proud of our products and how they perform. If you want a foundation that gives you stunning skin and *feels* like your bare skin— bareMinerals is for you.

We do love our products, but we love our customers more. This note is also a big thank you to all the women that believe in us. It's all about keeping it real, sharing stories and meeting with women one-on-one at our boutiques, Sephora, Ulta, and some department stores. We think if you try bareMinerals for yourself, you will be amazed at how really incredible it is. If you don't believe us, ask someone you know. In fact, we've found that many dental hygienists use our products. Next time you're getting your teeth cleaned, just ask her.

Anyway, we just wanted to tell you that we're here, **WE HAVE THE BEST PRODUCTS FOR YOUR SKIN**, and we really care about making women happy. Thanks for reading this long thing. My husband was convinced you wouldn't read this far (and he's not even an ad exec).

And if you're ever in San Francisco, maybe we can chat over a cup of coffee. I'm not kidding. Call our main office line at 415-489-5000. Generally Hilda answers the phone.

Lots of Love,

Leslie
xox

Leslie Blodgett
CEO OF BARE ESCENTUALS

標題：廣告專家告訴我們，現在大家不讀長篇大論的廣告文案了

如果這時又附上電話號碼歡迎來電閒聊，他們會馬上打電話。

廣告上的電話號碼，確實是直接打給希爾達的，她坐在辦公室的大廳。每個經過她位子的人，都可以聽到她向那些不敢置信的來電者保證：沒錯，廣告上的電話號碼是真的；沒錯，他們真的可以約她一起喝咖啡（如文案最後一段所寫）。那則廣告提醒員工這家公司的初衷，以及公司創辦人出乎意料但近乎完美的商業決策。她的智慧與熱情不僅影響了顧客對bareMinerals的觀感，連她的團隊也感受到明顯的影響。布洛潔表示：「沒錯，我們因此賣出更多產品，但我們是以同甘共苦的情誼來衡量廣告效果。它公開展現我們的價值觀，我們因此感受到的凝聚力，使我們變得更加強大。」

關於如何領導，有很多書寫得比這本更好、更廣泛。本章探討如何運用幽默來領導，我們會運用前幾章探索的技巧加以說明，並搭配一些卓越領導者的實例。

下列的內容與其說是教戰手冊，不如說是一系列的小故事。每個故事歸結到底都是一個核心前提：領導者藉由傳達獨特的幽默感，更能夠團結、說服、激勵、啟發眾人，並成為大家想要追隨的對象。我們希望這些小故事，可以激勵你做同樣的事。

我們（必須）信任領導者

在繼續講故事之前，我們應該先了解領導的現狀，以及為什麼現在是重新思考領導方式的時候。

古早時代（畢竟這一章在講故事，我們改用一下講故事的口吻），鼓舞人心的領導者是以一種稀有物種之姿來引領部屬的，他們是兼具智慧、勇氣、魅力、道德優越感、決心的獨特組合。南極探險家歐內斯特·沙克爾頓（Ernest Shackleton）在冰層上漂流了幾個月，勇敢地從南極海營救受困的船員。亨利·福特（Henry Ford）改造交通工具，讓全美的中產階級家庭都買得起汽車。馬可·波羅（Marco Polo）翻越亞洲的山巒，激勵無數世代的孩子勇敢游過泳池。

但是，這種神話般、絕對可靠的領導者時代已經過了。*

歷經2001年的安隆醜聞、2008年的美國次貸危機、2011年的日本福島核災，以及最近披露的波音事件（把設計不良的737升級版倉促上市）等醜聞，以及災難性的後果之後，我們對領導者的集體信任即使沒有全毀，也嚴重受創。

這種對領導力信任的下滑，也深植在員工的心中：2019年《哈佛商業評論》一項調查發現，58％的員工對陌生人的信任，更勝於對老闆的信任。[1]

暫停一下，再讀一遍上面那句話。

---

* 作者註：歐普拉（Oprah）除外，她就在我們的前面，她很完美。

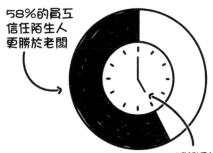

比陌生人還危險

58%的員工信任陌生人更勝於老闆

感謝剛好是五點鐘！

員工寧可相信陌生人，也不想相信你。

更糟的是，45％的人認為，對領導者缺乏信任，是影響他們工作表現的最大因素。[2]

而你們（領導者）似乎也認同這點：有55％的執行長認為，這種信心危機對公司的成長是一種威脅。[3]這種擔憂一點也沒錯，缺乏信任會影響員工的動機與生產力、影響員工跳槽的可能性，也會影響你（和其他人）忙著滅火的時間。如果員工可以放心跟你（而不是跟公車上的陌生人）討論敏感問題，那些火燒屁股的大火都是可以避免的。

現今的商業領導者發現，在18歲到29歲的年輕人眼中，他們和民選官員都是最不值得信賴的人。2018年皮尤研究中心的一項調查顯示，這些年輕人中僅34％相信企業與政治的領導人（30歲到49歲的受訪者對他們的信任度還稍微好一些。）[4]很遺憾，這個數字比美國人養狗的比例（44％）還少。[5]也就是說，在「值得信賴的權力

排名」中，有權有勢的人類，還輸給已經馴化的狼狗。

領導們，這實在很糟糕。

如果這個研究結果讓你想要借酒澆愁，並在下次參與外地領導訓練課程時，自暴自棄地追看影集《黃金女郎》（*The Golden Girls*），請放心：幸好，我們有因應對策。因為雖然大家對領導力的信任下滑，那些設法維持高信任度的組織正蓬勃發展。

有大量的研究顯示，高信任度的組織與創新及績效有關連。例如，《2016年 HOW 報告》（2016 HOW Report）指出，[*]在高度信任的環境中工作的員工，[6]更有可能承擔使公司受益的風險（機率是其他員工的32倍），更有可能展現更高水準的創新（機率是競爭對手的11倍），也更有可能達到更好的工作績效（機率是同業員工的6倍）。

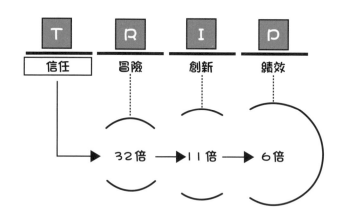

---

[*] 作者注：《2016年 HOW 報告》分析來自17國各主要產業和職業 16,000 名員工的回覆，由南加州大學有效組織中心（the Center for Effective Organizations at USC）獨立確認。這不是在搞笑，是真的（HOW）！

那麼，如今的領導者如何激發員工的信任呢？2019年一項調查問了員工這個問題，大家最常回應的答案，諸如：「知道領導者為了成功，克服了哪些障礙」，或是「像一般人那樣說話」，都訴說著同一件事：[7]現在的員工渴望的領導者，並不是充滿神祕感的神人，而是比較真實又具有共鳴感的領導者。要能夠激勵人心，沒錯，但不是完美無瑕。

簡言之，以前的領導者受人推崇愛戴，現在的領導者需要獲得理解。

某種意義上，這反映了社會沉迷於社群媒體時所展現的一種更廣泛趨勢。我們已經習慣了即時更新，渴望未過濾的原始內容，我們愛看名人、運動員、高管、狗狗明星的私生活。任何不完全透明的事情，都可能意味著「隱瞞著什麼」。**

布洛潔發布那則廣告時，很清楚這點。事實上，她在職涯早期就記取了相關教訓（雖然是偶然記取的教訓）。

在她沒有錢做付費行銷（更遑論在《紐約時報》刊登全版廣告），她的品牌還沒有知名度透過傳統的配銷通路上市時，布洛潔就發現接觸消費者最便宜的方式，就是上電視購物頻道QVC做直播。

對布洛潔來說，那是可怕的經驗。攝影機開拍後，根本沒有機會重拍。無論她是不是有意的（她不是），

** 作者注：參見電影《發明家：矽谷大放血》（*The Inventor: Out for Blood in Silicon Valley*）。

上QVC讓布洛潔展現出毫無遮掩的真實個性，包括自嘲、有點非正統的幽默感。

舉例來說，她曾在直播中途，因為腳痛得要命，乾脆脫下鞋子；還利用銷售產品的空檔，透過電視指揮兒子：「小崔，該上床睡覺了。我知道你在看電視，關掉電視，去刷牙。我不是在開玩笑的，臭小子，快去！」）；或是對著攝影機說：「別再拍特寫了。」

還有一次，布洛潔一邊搖呼拉圈，一邊吹口琴。另一次，她在洋裝外面套了一件比基尼上衣，那次是談夏季妝容。這些都是現場直播。

有一次，直播到一半，布洛潔發現她的墊肩已經滑落到手肘上了，她突然咯咯笑了起來，笑到導播幾乎要直接進廣告了。當時，節目主持人試圖讓布洛潔直視她的眼睛，阻止她繼續笑下去。但製作人揮手制止，因為這時觀眾拚命打電話進來下單。

布洛潔看著bareMinerals的產品銷售開始增加，她意識到，她的真誠與輕鬆態度——古怪、不完美等等——與顧客及員工產生了共鳴。

有了QVC的經驗後，布洛潔再也沒回頭了。她告訴我們：「我發現大家比較欣賞『真實』。當大家有所選擇的時候，無論是選擇工作、還是購物，他們會想要知道及信任你這個人。幽默感是這一切的核心。我們有時很難信任嚴肅過頭的人或公司。」

每個人都想要一個比較具有親和力、受人尊敬的老闆，但現在的領導者缺乏這些特質，導致留才困難。

2018年蓋洛普一項研究發現，近50％的美國人在職涯的某個時點離職，是為了「離開老闆」。[8]

過去十年間，員工流動率成長了88％，這對公司來說是數十億美元的損失。[9]若能有效善用幽默來影響員工認知及留住人才，有助於緩解這個影響全球領導者與組織的無聲危機。

「況且，」布洛潔補充道，「誰不想在崇尚幽默、歡笑、展現真實自我的地方工作？」

重大外交的輕鬆面

我們研究領導者如何有效運用輕鬆元素時，蒐集了許多引人注目、令人難忘的軼事，其中有不少實例是涉及高風險的關鍵對話——那種局勢緊繃、皮質醇濃度狂飆、傳統方法已不適用的冒險互動。

下列的例子發生在1999年，時任美國國務卿馬德琳・歐布萊特（Madeleine Albright）正在為菲律賓舉行的東協峰會（ASEAN Summit）做準備。那場峰會是由東南亞國家協會（Association of Southeast Asian Nations，簡稱東協）的成員國主辦，邀請世界各地的知名領導人齊聚一堂來討論全球議題，並且加強各國間的合作。

歐布萊特並不是很想參加那場會議——不僅是因為東協當時爆出「接受緬甸作為成員國」的爭議（美國強烈反對這項決定，因為緬甸的軍政府採取嚴苛的鎮壓行

動），也因為她被要求履行一項外交職責：演一齣短劇。

沒錯，美國的國務卿要表演一齣短劇。

一位國務院人士解釋，按照傳統，在峰會最後一晚的正式晚宴上，每個代表團都必須表演一個餘興節目，通常是以短劇的形式呈現。那幾年的表演亮點包括：韓國外長潘基文（後來成為聯合國祕書長）身穿綠色的亮片夾克，演唱 ABBA 樂隊的歌曲；俄羅斯的外長謝爾蓋・拉夫羅夫（Sergei Lavrov）以《星際大戰》的大反派達斯・維達（Darth Vader）的扮相登場。這些代表都是有備而來的，毫不馬虎。

那位國務院人士說：「美國代表一向表演得很糟。」他把〈瑪麗有隻小綿羊〉（"Mary Had a Little Lamb"）的歌詞遞給了歐布萊特（我們發誓，這真有其事。）*

那年，俄羅斯代表表演了一齣短劇，但歐布萊特說：「他們的表演也不大好。」當時俄羅斯的代表是葉夫根尼・普里馬科夫（Yevgeny Primakov）。俄羅斯政府向來比較支持緬甸，這也加劇了美俄兩國代表團之間的緊張關係。就在幾個月前，兩國代表第一次見面時，普里馬科夫刻意提醒歐布萊特，他以前是蘇聯國家安全委員會（KGB）的資深官員，試圖藉此威嚇歐布萊特。他說：「看我的背景，你應該知道我對妳瞭若指掌吧？」一開場，就先來個下馬威。

---

* 作者注：歐布萊特來幫我們的學生上課時說：「有時，你無法想像國務卿會被要求做什麼事。」

由於雙方在表演方面都需要加強，歐布萊特、普里馬科夫和他們的同仁決定——在這些重要會議的空檔——做點前所未有的事情。

他們決定表演二重唱。

歐布萊特回憶道：「所以，在晚宴的前一晚，我們都去了馬尼拉飯店的麥克阿瑟套房。俄國人帶來了很多伏特加，我們一起排練。」他們一直練到深夜，練到可以登台表演的程度。

第二天很漫長，充滿了棘手的會議。「我們兩個代表團剛吵了一架，」歐布萊特回憶道，「然後我就出去唱歌了。」她是真的上台唱歌。身為世上最強大國家的最高代表，歐布萊特為外國的政要獻唱了《西城故事》（*West Side Story*）中的〈瑪利亞〉（"Maria"）。她與俄羅斯代表合編了一段精彩的二重唱，名為《東西故事》（*East West Story*）。她先唱起〈瑪利亞〉，不久普里馬科夫也加入，高唱「Madeleine Albright, Madeleine Albright, I just met a girl called Madeleine Albright.」（歐布萊特、歐布萊特，我剛剛遇到一個女孩叫歐布萊特。）#

歐布萊特說：「原本可能是一場災難的事情，突然變得很有趣。」

當然，這裡的重點不單是好玩（或伏特加），歐布萊特以幽默作為銜接兩大利害關係者的橋梁。「在談判

譯注：這是改編〈瑪利亞〉的歌詞，原本是「Maria! I've just met a girl named Maria.」。

中，你之所以在場，是因為你必須處理嚴肅的問題，那是無庸置疑的。」歐布萊特說：「你必須以一種人性的方式建立連結，試著了解對方。」

歐布萊特表示，那次與普里馬科夫合唱的經驗——深夜的排練及搞笑的表演——改變了一切。他們因此更了解彼此，後來甚至一起去喬治亞料理餐廳用餐，普里馬科夫在那裡向歐布萊特介紹了他的家鄉菜。「我們成了很好的朋友。」

他們依然會開棘手的談判會議，她說：「在會中，我們會批評對方或對方的國家，但最終，我們私下的情誼確實產生了影響。」

對歐布萊特來說，在嚴肅的議題上注入輕鬆的元素，是一種重要的外交技巧。事實上，那是她數十年來在國際舞台上處理高風險敏感問題時，一直在磨練的技巧。

在職涯的早期，她在第一次波斯灣戰爭後，擔任美國駐聯合國的大使。當時她的首要任務之一，就是確保戰爭期間建立的停火制裁不會瓦解。她公開談到海珊（Saddam Hussein）統治時期犯下的暴行，並明確表示，只要他繼續掌權，美國對伊拉克的經濟制裁政策就不會改變。

當地對歐布萊特的立場所提出的反彈，有多種形式。例如，有人投書當地的新聞媒體，把她比喻成「前所未有的毒蛇」。對於這種惡毒的評論，她有什麼反應？「我剛好有一個蛇形的別針，每次我們談到伊拉克時，我就戴那個別針出席。」有一次，她接受媒體訪問

時，「鏡頭突然對準我，一位記者問道：『妳為什麼戴那個蛇形別針？』」她坦率地回應：「因為海珊把我比喻成一條蛇。」

她告訴我們：「我戴別針，是為了幫每一天增添一點幽默。日子順遂時，我戴蝴蝶與氣球的別針。日子不順遂時，我戴肉食動物與蜘蛛的別針。」其他大使問她那天過得好不好時，她會說：「看我的別針就知道了。」

多年後，當她得知俄羅斯竊聽美國國務院時，她戴著一個超大的「昆蟲」別針#去會見俄羅斯的外長。對方立刻意識到事跡敗露了。那也促成了更開放、更有成效的對談。

歐布萊特的別針，雖然是一種輕鬆的配件，但傳達了重要的訊息，也在國際外交上代表一種重要的權威。無論是透過這種小舉動，還是深夜的戲劇排練，歐布萊特經常運用幽默來化解緊張局勢、培養人際關係，並為關鍵的高風險對話奠定基礎。

用幽默化解衝突

在這個瞬息萬變的世界裡，企業想要蓬勃發展，就必須靈活應變，這已經不是什麼祕密了。如今專家預測，未來十年S&P 500指數的成分股中，將有近半數的公

譯注：bug有「昆蟲」的意思，也有「竊聽器」的意思。

司遭到替換——如果你的數學不大好，這是指未來可能更換250家公司。[10] 對想要勝出的領導者來說，敏捷與速度都非常重要。

西南航空（Southwest Airlines）的執行長與規模較小的新創企業史蒂文斯航空（Stevens Aviation）發生了一場著作權糾紛，這原本可能是一場充滿爭議、代價高昂的紛爭。1992年冬季，西南航空開始使用「Just Plane Smart」這個標語。他們渾然不知，史蒂文斯航空註冊及使用那個標語很久了。史蒂文斯航空的管理團隊鼓勵執行長克特・賀瓦德（Kurt Herwald）把西南航空告上法院。

但是，他覺得採取法律行動不大對。

賀瓦德決定採用一種比較……該怎麼說呢？……非傳統的方式來解決爭端。他向西南航空的執行長赫伯・凱樂赫（Herb Kelleher）下戰帖，要他來扳手腕決定勝負。獲勝者可以獲得那個標語的使用權，而且雙方都可以避免為官司付出高昂的訴訟費。

從1968年就開始矢志打造「世上最怪航空」的凱樂赫欣然接下戰帖，於是兩人準備在擠滿4,500名觀眾的達拉斯體育場裡一決勝負。這場史無前例的奇特活動，很快就獲得「達拉斯搗亂」（The Malice In Dallas）的稱號。

對史蒂文斯航空的員工來說，這場好戲從幾週前就開始了。他們那個大膽無畏的老闆，開始在公司內部的網路發布一系列幽默的影片，記錄他「嚴酷」的訓練過程——做彎舉、硬舉、臥推，做到大汗淋漓，而且似乎還能舉起不可思議的重量。

正式對決那天，當33歲的賀瓦德身穿紅色絲綢浴袍衝進拳擊場，舉起拳頭在空中揮舞時，現場觀眾開始瘋狂歡呼。凱樂赫比賀瓦德年長了將近三十歲，當他以更隆重的方式，在十幾名啦啦隊隊員及一名打扮成「教練」的同事陪同下，搭配著電影《洛基》（Rocky）的主題曲衝進體育場時，現場的歡呼聲更響了。

比賽鐘聲響徹競技場時，現場人聲鼎沸，他們兩人緊握拳頭，手臂相交，開始為體能的霸主地位奮戰。或者，至少他們為此佯裝了約35秒，直到賀瓦德成為毫無爭議的獲勝者。

賀瓦德獲勝後，提議與西南航空共用那個標語，以示尊重及展現運動精神──這也是神來一筆的宣傳手法。

這場史無前例的古怪競技，不僅讓兩家公司省下訴訟的財務成本與聲譽成本，也讓顧客更加青睞他們，強化了兩家公司的品牌，帶來顯著的財務效益。據估計，西南航空光是從該活動的正面宣傳，就獲得了600萬美元的效益。史蒂文斯航空則是在接下來的四年裡，經歷了比預期高出25％的成長，營收飆升至一億美元以上──賀瓦德把這個成長趨勢，歸因於史蒂文斯航空從那場比賽中獲得的知名度。他對一位記者說：「我們的員工為公司感到自豪，也為那場比賽帶來的知名度感到興奮。比賽結束後的幾個月乃至於幾年裡，公司文化的改變顯而易見。員工之間的關係更緊密了，也更投入工作。」

這兩位執行長都很機靈（至少在解決問題方面如此，在扳手腕較勁時就沒那麼靈活了），他們想出了一

個充滿創意又好玩的解決方案，不僅符合自身的領導特質，也呼應了他們想要打造的品牌特質。

勇於承擔錯誤

身為領導者（或渴望成為領導者的人），可能很想表現出你總是狀態極佳、消息靈通、冷靜沉著、掌握全局的樣子。但我們的研究發現，適時展露自己的脆弱，往往是一種更強大的作法。當我們勇於認錯，甚至自我解嘲時，效果可能更好。那是因為，誠如領導專家達娜・比爾基・艾舍（Dana Bilky Asher）所言：「笑之所以對領導者有益，正是因為它暴露出我們的脆弱，那是獲得團隊信任的捷徑。」[11]

那也是Spanx的創辦人兼執行長布蕾克莉每次犯錯時（還記得前文提過，她曾寄一隻高跟鞋給Neiman Marcus的採購？），盡可能把錯誤拿出來檢討的原因。在公司定期舉行的「錯誤檢討會」（Oops Meetings）上，她會刻意提出自己最近犯的錯誤，接著開始跳舞（這個舉動常讓不明就裡的新進員工看得一頭霧水。）每一次，她都會挑一首呼應那次錯誤的歌，並邀請員工一起跳舞。有一次，為了突顯她犯的一個策略錯誤（在某個產品類別中競爭太久），她選的歌曲是〈機器人先生〉（"Mr. Roboto"），原因正如她說的：「這首歌很棒，但是唱太久了。」*

　　從小錯到重大的策略失誤，布蕾克莉都努力地「找出每個錯誤的幽默之處，並講一個有趣的故事。講完故事後，全體員工開始加油喝采。」運用幽默，讓她以一種不沉重的方式來承認自己及公司的錯誤。那樣做，也鼓勵大家勇於承擔風險，布蕾克莉表示：「我想鼓勵公司的員工免於害怕失敗。當你能不被恐懼嚇倒時，就會有更好的事情發生。」

　　習慣以幽默的角度看待錯誤，對心理有明顯的影響。史丹佛大學一項新興的研究顯示，把生活中的故事（不分正負面）當成喜劇看待，而不是視為悲劇或鬧劇的人，覺得壓力較小、更有活力，生活更有挑戰、更加充實。

　　心理學家丹・麥亞當斯（Dan McAdams）認為，我們講故事給自己聽，以及選擇故事的體裁或框架時，會做出積極的「敘事選擇」。麥亞當斯是「敘事身分」（narrative identity）的專家，「敘事身分」是指一個人內化和不斷演變的生活故事，融合了重新建構的過去與想像的未來。他認為，只要巧妙地重建敘事，就可以把戲劇性或悲劇性的故事，轉變成比較有趣或輕鬆的故事，即使只是對故事做些許編輯，也可以對生活產生很大的影響。

　　換句話說，我們通常可以選擇如何定義自己的失敗——是場悲劇？還是喜劇？——藉此改變對我們生活的影響。

＊作者注：冥河樂團（Styx）這首歌長達5分半，很多人都能記得歌詞中一直重複唱的四個字詞「Domo Arigato, Mr. Roboto」（非常感謝你，機器人先生），意思是每個字詞的記憶成本長達83秒。

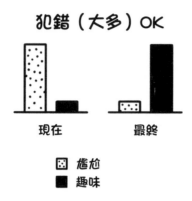

犯錯（大多）OK

現在　　　　最終

▣ 尷尬
■ 趣味

　　勇於承擔錯誤，除了是管理個人心理的有效工具以外，也可以促使別人更坦然承認錯誤。

　　這點問問我們的學生小簡就知道了。他剛踏入社會時，是在墨西哥的蒙特雷科技大學（Monterrey Institute of Technology）擔任研究助理。他與團隊投入一項長達數個月的研究，研究重點是了解某種藻類的發酵過程。他們在一個大型生物反應器中對發酵過程做了昂貴的測試後，發現樣本遭到汙染，整個實驗都毀了。

　　由於大部分的汙染是人為失誤造成的，研究小組知道那很可能是他們自己犯的錯。他們緊張又失望，跑去找指導教授，向他報告這個壞消息。

　　教授聽完小簡的解釋後，感覺到研究團隊的緊張情緒。他停頓了一下，接著露出打趣的笑容問道：「是Pinky嗎？」

　　大家聽得一頭霧水，問道：「誰是Pinky？」

　　教授解釋：「Pinky是一種討厭的細菌，在實驗室裡搗亂。它每隔一段時間就會在樣本中出現，只是為了讓

我們隨時保持警惕。」

小簡回憶道：「當下，整個團隊都笑了。那句話消除了我們的恐懼，不久我們就開始集思廣益，討論如何解決這個問題。」

以幽默感面對失敗，可以幫助我們管理情緒，讓我們從錯誤中學習、迅速振作起來，縮短從一次失敗到下次嘗試的過渡時間。誠如領導專家艾舍所寫的：「不學習的話，就無法領導。然而，我們接受及處理新資訊的能力──有助於產生新的見解與真正的成長──會因為害怕讓人失望而停擺。歡笑讓我們再次敞開心扉。」

追求目標

那是2015年的春天，冰淇淋製造商班傑利公司（Ben and Jerry's）的董事達林・多德森（Daryn Dodson）正與公司的領導高層合作，為當年稍後在巴黎舉行的聯合國氣候高峰會做準備。那場會議可說是世界上規模最大的氣候談判會議（有一百九十多國參加），很多人希望那場高峰會可以達成一項開創性、有法律約束力的協議，以阻止全球暖化的速度。

你可能納悶：氣候變遷和冰淇淋公司有什麼關係？

班傑利公司自從成立以來，一直是以公司致力投入的使命為核心：協助解決世界上最急迫的社會與環境問題。事實上，2000年聯合利華收購班傑利公司時，交易

合約中有一項非比尋常的條款：成立一個獨立的班傑利董事會，繼續關注這些議題。

這讓我們把焦點拉回到多德森的身上，他是班傑利的董事。經過仔細考慮後，多德森、其他董事、管理團隊確定了策略，開始投入工作。

他們推出一種新的冰淇淋口味「拯救我們的旋風」（Save Our Swirled），以及一支對應的影片，標題是「融化就毀了」（"If it's melted, it's ruined"）。兩者合起來，是為了促進大家對氣候危機的關注，也鼓勵35國以上的粉絲簽署請願書，呼籲世界各國的領導人別讓全球氣溫上升超過2℃。你可能也猜到了，那支廣告一點也不嚴肅，是一團團冰淇淋融化的倒帶影片，旁白一邊講述現在採取行動以扭轉全球暖化趨勢有多重要，廣告中融化的冰淇淋最後重新凍結成美味的冰品，形成「Save Our World」（拯救我們的世界）這幾個字。誠如他們強調的：為什麼冰冠就像冰淇淋一樣，最好保持冷凍。

多德森回憶道：「在班傑利，我們支持活動人士時非常認真。我們很努力捍衛我們的價值觀，但我們也很清楚，發起任何運動都需要運用幽默。幽默的內容會一夕爆紅，更能夠推廣那些運動。」他們那樣做確實奏效了，那支影片在網路上廣傳，促成數千人簽署請願書。多德森解釋，以輕鬆的方式分享嚴峻的現況，「我們因此為一個真正有挑戰性的問題，澆注了一點輕鬆的元素，讓許多可能沒時間或精力去了解問題的人也能一目瞭然。」

　　氣候變遷只是班傑利公司關注的諸多重要議題之一，在官網「我們關心的議題」（Issues We Care About）那區，還列了許多其他的運動，包括LGBT平權、刑事司法改革、民主議題等等。班傑利創立四十多年來，對行動主義的投入，可能和它的招牌Half Baked冰淇淋一樣出名。多年來，班傑利的管理團隊與董事會一直是以輕鬆的方式來處理許多嚴肅的議題。

　　例如，兩年後的2017年，澳洲國會尚未通過同性婚姻的立法時，班傑利推行了一項遍及全國的禁令：禁售「雙球同口味」的冰淇淋，等國會通過同婚立法後才開放。班傑利也在澳洲的每家門市裡安裝彩虹頂的郵箱，讓顧客更容易寄信給當地的議員。《Vice》的記者傑麗莎・卡斯楚代爾（Jelisa Castrodale）當時報導：「儘管他們的作法可能看起來有點愚蠢或微不足道，但這個行動為一直停滯不前的對話增添了話題，並提醒澳洲人這種不平等的問題依然懸而未決。」多德森指出，那項禁令的目的，不只是為了讓那些原本就支持同婚的人重新獲得動力，也是為了「串聯那些可能不認同的粉絲」。

　　類似的例子不勝枚舉。班傑利與非營利組織「拓展計畫」（Advancement Project）合作，開發出一款名為「合成正義」（Justice ReMix'd）的冰淇淋新口味。2019年公司發布的新聞稿描述，那是混合肉桂與巧克力口味的冰淇淋，裡面有肉桂麵團，餘味是「在我們支離破碎的刑事法律體系中，結束結構性的種族歧視。」此外，創辦人班・科恩（Ben Cohen）與傑利・格林菲爾德（Jerry

Greenfield）為了聲援「民主覺醒運動」（Democracy Awakening）而去白宮抗議，最後兩人被捕，還戴著手銬吃冰淇淋。他們被捕的照片像野火一樣迅速傳開，但不是毫無目的。多德森解釋：「許多粉絲原本可能不知道這項運動的緣起（主要在爭取移民權利，有些人在北卡羅來納州因選民身分證法，不能行使憲法保障的投票權），但因為這起事件而去了解細節，並且採取行動支持那些因無權投票而被剝奪權利的社群。」

多德森持續致力推動的各項運動都是嚴肅、系統性、緊迫的。他很清楚，在這種情況下，幽默就像鹽巴：你不會想要一直用，但只要偶爾加一點，就能夠發揮很大的效用。

他表示：「面對文化的棘手議題或投入大膽的使命，就像走鋼索。我覺得，添加幽默就像在鋼索上小心翼翼地行走，讓我們在追求目標、發揮影響力的同時，也能夠放鬆自己。」

拉近距離

說到當代對領導的看法，另一大難題是階級：領導者如何培養一種氛圍，可以同時展現權威與親和力？迪克・科斯特洛（Dick Costolo）在擔任推特的執行長期間，巧妙地運用輕鬆元素跟團隊培養關係，消除了階級與地位所造成的無謂緊張。

科斯特洛回憶道：「某週一早上我搭電梯時，在電梯裡遇到剛來上班的一群新進員工，其中一人小小聲地說：『那是執行長！』我笑著說：『Hello，你好！我不是投影。我聽得到你說話。我叫迪克，很高興認識你！』大家都笑了，立刻改變了權力動態。」至少有那麼一會兒，大家一起大笑的行為，讓階級區別消失了，讓科斯特洛看起來不是那麼高不可攀，更加平易近人。後來，他經常這麼做，利用每天搭電梯的機會與員工交流，甚至拿自己在公司裡有如名人的身分開玩笑。隨著巧遇執行長的故事在員工之間流傳開來，那些交流的影響力不局限於搭電梯而已，也擴散到整間公司。

在美國的職場上，執行長與一般員工之間如此互動曾是難以想像的。但如今執行長不再高高在上，展現親和力才是主流。2018年蓋洛普發表一份關於美國職場敬業度的報告，報告顯示，平易近人的管理者可讓員工的敬業度提高30％以上。[12]此外，那些敢敞開心扉和上司談論非工作議題的員工，敬業度是那些認為不該聊的員工的七倍。

領導者想在團隊面前展現親和力，最簡單、最有效方法或許是適量的自嘲。在一項研究中，研究人員科萊特・霍普勳（Colette Hoption）、朱利安・巴林（Julian Barling）、尼克・特納（Nick Turner）試圖了解幽默對領導者與部屬之間的位階差異有何影響。他們發現，員工覺得懂得幽默自嘲的領導者更可靠，也更有領導力。[13]

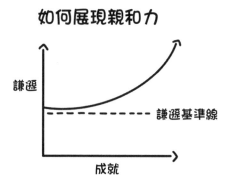

巴菲特就是典型的例子，他的自嘲式幽默——《富比士》稱為「他被低估的超能力」——給人一種「鄰家阿公」的謙遜感，儘管他的身價媲美好幾個小國的GDP。

在著名的年度股東會上，他以自嘲著稱，喜歡隨性地拿自己開玩笑，從年齡（有人問他，希望大家在葬禮上如何緬懷他，他回答：「我希望他們說：『那是我見過最老的遺體』」），到飲食習慣（「三十年來，我攝入的四分之一卡路里來自可口可樂。這不是誇示法，我全身有四分之一是可口可樂，只是我不確定是哪四分之一」），再到遺憾的商業決定（「今天，我寧可為大腸鏡檢查做準備，也不想發行波克夏股票」）等等，可說是百無禁忌。

對科斯特洛來說，謙遜不只是一種討喜的方式，也是身為卓越領導者的關鍵。他解釋：「身為領導者，我的任務不是防止錯誤發生，而是在錯誤發生時盡快導正。然而，如果沒有人敢對我透露這些壞消息，我就得花更長的時間導正那些錯誤。」

表達感謝

一位學生告訴我們，她以前一起共事的上司史考特，擅長運用輕鬆元素來表達感謝。這種方式令她印象深刻，牢記至今。

當時，她在加州一家前景看好的生技公司上班，史考特是內容編寫團隊的專案經理。那項為期一年的專案進行到一半時，史考特的生活變得特別忙碌，不僅要顧及其他專案，也剛升格當新手老爸。他被召離團隊的次數越多，越覺得自己難以為團隊提供該有的領導。

所以，他想出一種創意方法來表達他對團隊成果的肯定。某晚，史考特加班到很晚，暫時逃避專案的期限及新手父親的責任，從公司的回收箱撈出數百個空的LaCroix氣泡水空罐。翌日早上，當史考特的團隊走進辦公室後，看到一個不尋常的景象：每個人的桌子都被排到辦公室的中央，桌上有一個LaCroix空罐堆成的巨大金字塔，幾乎快要碰到天花板。金字塔的頂端插著一面小旗，上面寫著：「我看到你們都在追求更高的目標。」

那個空罐堆疊的金字塔，可能稱不上建築藝術，卻充滿了象徵意義——以輕鬆的方式表達他有看到、也很感謝團隊一直以來的努力。

那位學生說：「雖然好像很老套，也有點無厘頭。但是，從團隊士氣的角度來看，我們確實需要被肯定，需要有人注意到我們拚命工作。他費心用這種誇張的方式表達感激，讓我們知道：『好，他注意到了！他跟我

們站在一起。』」

　　肯定員工的努力很重要，尤其是在留住人才方面。人資服務公司 O.C. Tanner 對二十萬名管理者與員工進行了長達數十年的研究，發現 79％的離職者表示「缺乏賞識／肯定／感謝」是他們離職的主因。[14]

　　我們都希望努力的成果獲得肯定，但是當管理者給予的肯定不真誠時，我們的屁話雷達也會馬上偵測到。偶爾突然輕鬆讚揚幾句或表達認可，往往比「正式」的肯定更有意義，因為這表示管理者不僅注意到我們做得很好，也有心提出來獎勵獎勵。

　　換句話說，如果不是真的有心，沒有人會熬夜用回收的空罐打造出一座金字塔。

在嚴肅與輕鬆之間拿捏平衡

　　那是 2000 年 11 月，維珍集團（Virgin Group）的創辦人理查・布蘭森（Richard Branson）與他的團隊在澳洲推出維珍行動（Virgin Mobile）。新任的行銷長吉恩・歐爾旺（Jean Oelwang）之前是在一家比較沉悶的公司任職，那裡不僅不能開玩笑，大家也覺得開玩笑有損公司的獲利。如今，她站在雪梨港的上方，抬頭凝視著天空，看到她的新老闆倒掛在一條高空彈跳的繩索上，那條繩索是繫在一架高速飛行的直升機上。他們的計畫是讓他降落在港口，以便去「解救」數十名困在大鐵籠裡的顧

客——籠子象徵著現有手機方案對用戶的束縛。

這是一個瘋狂的行銷噱頭，也是布蘭森的傳奇之處。布蘭森想找一種方式來歡迎新的行銷長上任，也為他們未來的合作關係定調。這場賣命的直升機冒險結束後，布蘭森走向歐爾旺，她已經幫他準備好發言稿。當她把講稿遞給布蘭森時，布蘭森眯著眼看了第一頁約十秒，露出迷惑的表情，顯然不滿意，接著他翻到第二頁和第三頁。歐爾旺與團隊的其他成員心想，這感覺不大對勁。後來，布蘭森終於打破沉默說：「我有閱讀障礙……你們設的行距太窄了，我無法看稿演講！」

現場突然陷入一片死寂。

接著，布蘭森露出淘氣的笑容，開始大笑了起來。歐爾旺和同事這才意識到他是在開玩笑，也跟著大笑了起來。

歐爾旺原本感受到的恐懼立刻消散了。從那個難忘的第一天開始，他們一起共事了二十幾年，歐爾旺說她逐漸明白「歡樂與幽默，可以加快信任與尊重的速度，為人際關係的培養創造出一個安全的空間。」事實上，她覺得，「布蘭森在維珍行動推出之前在我身上開的玩笑，為我們後來二十年的合作奠定了基礎。」*

＊作者注：這和她上一個老闆在她上班第一天所做的截然不同。她上一個老闆第一天就送她兩本書：《孫子兵法》和厄爾瑪‧隆鮑爾（Irma Rombauer）的食譜聖經《廚藝之樂》（The Joy Of Cooking）。歐爾旺回憶道，那個老闆想傳達的訊息很明顯：你要麼學習出戰、擊潰對手，不然就退出激烈的競爭，回家吃自己。

　　歐爾旺的內斂性格，正好和布蘭森的外放互補。她比較嚴肅的天性和他對惡作劇的偏好，一起創造出強大的魔力，讓他們建立了一種充滿歡笑的美好夥伴關係，「不會忽略眼前任務的重要性，也不會犧牲工作的品質。」

　　在雪梨港表演直升機特技四年後，布蘭森在他位於加勒比海內克爾島（Necker Island）的家中主持了幾場會議，以籌組非營利組織「長者領袖」（The Elders）。該組織是由曼德拉（Nelson Mandela）創立的，目的是追求全球和平及保障人權。參與腦力激盪會議的人，包括大主教戴斯蒙．屠圖（Desmond Tutu）、美國總統卡特、退休的聯合國祕書長科菲．安南（Kofi Annan）、歌手兼活動主義者彼特．蓋伯瑞（Peter Gabriel），以及其他的世界級領導人物。

　　那些會議開始前，歐爾旺與團隊花了幾個月的時間，規劃每項細節。他們規劃了詳盡的日程表，彙整出數百頁深入研究的簡報，內容詳述這群領袖開會要討論的人權問題。

　　然而，布蘭森有不同的想法。

　　歐爾旺說，那些領袖抵達會場的前一晚，「我們聚在一起排練整個計畫。布蘭森與蓋伯瑞看了一下我們的資料，就把簡報丟到垃圾桶。他們說，他們希望這次的活動更平易近人一點。布蘭森堅持要我們改變整個排程，安排半天的歡樂時間，半天的討論時間。」

　　他的主張有點荒唐——那些領袖大老遠從世界各地飛來，刻意騰出幾天的時間來推動世界和平及保障人權

的使命，布蘭森竟然希望他們花一半的時間玩樂？歐爾旺記得，她當下反駁：「我們應該把一整天的時間放在內容上。這些人千里迢迢而來，他們預期自己是來討論內容的。」

但是，後來布蘭森的意見勝出，整個團隊只好根據他的主張（半天討論／半天玩樂），重新規劃那個週末的議程。除了有明確的會議以外，會議之間也穿插了一些好玩的活動，例如：蓋伯瑞與布蘭森一起教大主教屠圖游泳。

結果顯示，下午的玩樂才是真正討論的場合。尤其，某個下午，卡特與屠圖一起坐在海灘上，把腳埋在沙子裡，兩人一起為「長者領袖」組織想出了根本的價值觀。在這種美好的時刻，輕鬆、共鳴、歡樂的氣氛，與工作的嚴肅性結合，產生了深遠的結果。歐爾旺為團隊建立了必要的嚴謹基礎，讓他們可以沉浸在眼前的議題中。布蘭森則是提供他們一個思考、夢想、創造的空間。

布蘭森堅信，嚴肅的時刻反而最需要挹注輕鬆的元素。這場與當代最偉大的領袖聚在一起討論當代最棘手議題的會議，就是這樣的嚴肅時刻。這群傑出又多元的世界領袖不僅聚在一起度過快樂的時光，培養歡樂、持久的夥伴關係，也為人類做了很多貢獻。

布蘭森與歐爾旺的例子提醒我們，在嚴肅與輕鬆之間拿捏平衡，不僅是解決嚴肅議題的有效策略，也是打造成功團隊的有效祕訣。

本章分享的每個故事的領導者各不相同，來自不同的領域、不同的國家，但擁有共通的敘事：都是備受敬重的領袖，擁有令人敬佩的成功紀錄，都懂得在氣氛嚴肅的情境中注入輕鬆的元素，創造正面的結果。

學術資料也可以佐證這些軼事：幽默確實有效，即使是最戲劇性的情況亦然。

所以，我們該怎麼做呢？我們用小小的練習來結束這一章。如果你是布洛潔，必須在《紐約時報》刊登一幅全版廣告以提振疲軟的業績，你會寫什麼？如果你是國務卿歐布萊特，必須和你最大的對手合唱，你會唱什麼？（別忘了，對方還有核武。）如果你要用LaCroix空罐堆疊金字塔，你會堆成什麼樣子？你怎麼讓卡特與屠圖一起坐在海灘上，把腳埋在沙子裡討論要事？

幽默是一種超能力，但它與隱形、雷射光眼、超人不同，是每個人都擁有的潛能。

（你知道該怎麼做）

第 6 章

打造幽默

的文化

「笑聲促成共鳴的效果令我驚訝。當你放聲大笑時，幾乎不可能保持任何距離或社會階級感。」

——約翰‧克里斯（John Cleese），英國演員、傳奇幽默劇團「蒙提巨蟒」（Monty Python）共同創辦人

《玩具總動員》（*Toy Story*）是這個世代最有創意、最賺錢、最具開創性的電影之一。它是世上第一部長篇電腦動畫，講述一群遭到冷落的可愛玩具，在人類看不見的時候活了起來、展開冒險的奇趣故事。

在很多方面，這部電影的製作也反映了電影的情節。這個充滿熱情的小型創意團隊經常通宵達旦地工作，這群工程師與動畫師廢寢忘食地製作這部電影時，就像劇中的主角伍迪和巴斯那樣，活躍了起來。

皮克斯的文化，洋溢著一種輕鬆歡樂的精神，充滿了感染力與活力。有些晚上，他們在洛杉磯工作室的狹長走廊上，舉辦迷你的高爾夫球賽和摩托車比賽。〔這種經常舉辦的比賽競爭非常激烈，有一次資深製作人湯姆‧波特（Tom Porter）三更半夜在家裡被叫醒，趕回工作室，以捍衛他保持已久的紀錄。〕實習生舉辦精心設計的週五變裝聚會，打扮成絕地武士（Jedi）或幼童軍來上班。公司也會舉辦「皮克斯狂歡會」，讓二十幾個員工樂團上台表演他們最喜歡的歌曲。

但是，這些傳統並未犧牲任何生產力。事實上，許多人認為，皮克斯是業界最勤奮、生產力最好的團隊之一。

這不是巧合。皮克斯與華特‧迪士尼動畫工作室（Walt Disney Animation Studios）的前總裁艾德‧卡特莫爾（Ed Catmull）認為，輕鬆與歡樂是打造高效創意團隊的基礎。這也是研究證實的理論：研究人員納爾‧萊曼－

威倫布洛克（Nale Lehmann-Willenbrock）與約瑟夫・艾倫（Joseph Allen）對54個團隊352名成員進行研究，錄下一小時的團隊會議，然後分析主管對團隊表現的評價。有幽默感的團隊展現出較多的功能性溝通及解決問題的行為，[1]整個團隊的表現也比較好，無論是在會議上或平時合作。這種歡樂的文化，正是讓皮克斯蓬勃發展的原因。

在卡特莫爾的領導下，皮克斯推出了《蟲蟲危機》（*A Bug's Life*）、《怪獸電力公司》（*Monsters, Inc.*）、《海底總動員》（*Finding Nemo*）等賣座大片，並開發了改革動畫電影的先進電腦技術（在過程中，也讓全世界的成人為昆蟲、魚類、毛茸茸的藍色怪物感動落淚。）卡特莫爾認為，皮克斯的成功大多要歸功於皮克斯員工之間的情誼與韌性，那是他們的歡樂文化所促成的產物。他回憶道：「美好時光中的許多幽默與歡笑，讓我們的關係變得更加深厚，也讓我們在困境中更容易相互扶持。」

總之，這一切歸結到底是文化使然。

員工歡樂的同時，又可以把工作做好，這種文化顯然令人嚮往。既然如此，為什麼有那麼多的工作場所感覺像從電影《上班一條蟲》（*Office Space*）*直接搬出來的場景呢？

如果你的工作場所跟《上班一條蟲》的如出一轍，這一章是為你寫的。稍後我們會提出一些故事、架構與

＊作者注：這是麥克・賈吉（Mike Judge）為沉悶的白領工作編導的電影。如果你還沒看過這部電影，應該看一下。如果你可以趕快看，那就太～棒～了～──你看完電影，就會知道為什麼我們這麼說了。

技巧，幫助你在組織中培養輕鬆、幽默的文化。

　　不過，在開始之前，我們想要強調，這些技巧並非放諸四海通用。你可能在鎂光燈下感覺很自在，可以自然地把公司的文化拉向你，也可能你的性格比較內斂，比較想要透過有魅力的同事或改變辦公室的實體空間來間接影響文化。打造文化就像吃瑞氏花生醬巧克力（Reese's），沒有放諸四海皆準的方法。

　　你的任務是以你真實的領導風格及獨特的組織，來測試看看每一條原則與策略，然後採用你覺得最有共鳴的那些原則與策略。在過程中，你會培養更穩固的關係，放手讓團隊把工作做得更好，同時打造出大家都想要的工作環境。

從高層定調

　　領導者對組織文化有特別大的影響。[2] 我們發現，領導者打造輕鬆文化的最有效方法，就是以身作則展現幽默及促成幽默，讓大家清楚看到輕鬆歡樂的氣氛是可取的，也是大家共同的目標。

展現你的幽默風趣

　　在前幾章，我們探討了很多領導者展現幽默的故事，例如：布洛潔在《紐約時報》刊登的廣告引起員工熱烈討論；NBA球星柯瑞在台上誇張地模仿鮑爾默，讓

合作夥伴頓時放鬆下來，感覺更加自在；布蘭森掛在直升機上賣命演出，與他著陸後所開的玩笑相符，那也證明了維珍確實重視且鼓勵這種歡樂氣氛。這些故事——以及接下來你即將看到的一些故事——的共同點在於，它們讓領導者傳達出清楚的訊號：他們不是太拘謹、嚴肅的人。這種公開展現輕鬆一面的方式，為組織文化奠定了基調，也默許組織的其他人跟著這樣做。

自然展現的幽默，是最擅長為輕鬆定調的執行長常用的工具。為什麼這種方法最有效呢？因為這帶有驚喜的元素。幽默若是給人「事先排練好」的感覺，就失去了「驚喜」這項重要的元素。笑點應該是出其不意的，像出拳一樣，冷不防地出招。如果觀眾已經做好了挨拳的準備，就很難擊倒他們（而且他們在等你的笑哏出招時，也會覺得很尷尬。）這也難怪多數喜劇演員給非喜劇演員的第一項建議就是，永遠不要用「我有一個好笑的故事……」作為故事的開場。當觀眾察覺你想要搞笑時，突然之間你還得證明你很好笑。

自然展現的幽默，門檻較低。當你只是針對當下的事情作出反應時（參見第3章的「注意此時此地」段落），只要稍微帶點驚喜或搞笑的元素，就足以令人發笑。總之，如果你的幽默給人事先排練好的感覺，那最好是非常好笑。舞台上出其不意的笑料，最是難能可貴。

我們建議你要「自然展現幽默」，這件事說起來容易，實際做起來很難。因此，我們建議你把焦點放在營造有助於自然展現幽默的環境上，而最簡單的方法，就

是突顯已經存在的環境 —— 你最輕鬆歡樂的工作關係。

科斯特洛是運用這招的高手，他在推特任職時，有幾個員工協助他扮演這樣的角色。其中一人是與他長期共事的資深產品總監艾波・安德伍（April Underwood），科斯特洛經常邀她一起上台對全公司做簡報。

他們兩人從以前在Google共事時就已經很熟了。他們之間早已存在的歡樂默契，讓人覺得科斯特洛很真實，是一個真的有幽默感的人。科斯特洛藉由邀請安德伍同台，偷偷地把她定位成所有員工的代表。當員工看到她當場吐槽老闆時，覺得他們也可以這樣做。安德伍回憶道：「突然發生意想不到的事情，台上的人當場以幽默的方式回應，那種時刻是無可取代的。那種沒有事先排練的突發狀況，讓整件事情變得更有趣。而且，那是一種安全的方式，因為我們可以用一種完全自然又有趣的方式互相吐槽。」

類似的動態，也出現在《週六夜現場》的短劇中。演員演出的時候，可能會「出戲」，笑到不能自已。這招之所以有效，是因為我們在專業演員笑場的那一刻，覺得他們和我們一樣 —— 有時，那比原來排練的更好笑，演員不再走在前面，而是和觀眾融為一體。科斯特洛藉由把掌控權交給安德伍，然後即時反應，讓大家跟著他一起同樂。

這也是Google創辦人賴利・佩吉（Larry Page）和瑟吉・布林（Sergey Brin）—— 以及後來加入Google擔任執行長的艾瑞克・施密特（Eric Schmidt）—— 從一開始就

採用的技巧。

Google剛成立不久，佩吉和布林就在每週工作結束時，開一小時的全員會議，名叫TGIF（Thank Goodness It's Friday，亦即「謝天謝地，今天是週五了」）。＊會議的前三十分鐘是用來檢討這一週發布的新聞與產品，演示尚未發布的產品，以及慶祝最近的成果。會議的後三十分鐘是問答時間，任何員工都可以向領導團隊詢問任何想問的問題。

Google的員工喜歡這個會議的主題與風格，從手機功能到選舉結果，沒有什麼話題是不能討論的，他們特別喜歡這點。但佩吉和布林（後來還有施密特）之間的機智應答，往往是那些會議的真正亮點，尤其是當布林充分展現搞笑功力的時候。

Google的TGIF會議往往很像喜劇表演。施密特回憶道，他們兩人一起上台時，「幽默是完全自然流露的」，他們互相吐槽，展現私底下就愛開的玩笑。

關於這點，領導者的目標很明確又有意義：一種鼓勵輕鬆交流的領導形式。施密特回憶道：「你會得到你激發的領導模式。如果公司的領導風格是輕鬆、幽默、有趣的，其他人也會跟著模仿，在適當的範圍內做同樣的事。」

他們為企業文化確定了基調，二十多年來始終如

＊ 作者注：上YouTube搜尋「Google TGIF 1999 video」可以找樂子。上網搜尋「TGIF $14.99 Menu」（星期五餐廳 $14.99 菜單），可以找到優惠組合。

一：Google 是一家讓員工享受歡樂、做自己的公司。

　　當然，不是每個領導者都樂於展現幽默感。**但有很多方法可以培養輕鬆交流的文化，你不必暴露在鎂光燈下，也可以傳達「公司重視幽默感」這樣的訊息。

一起同樂

　　即興喜劇的首要原則之一是「對，而且」（Yes, and），這是指夥伴明著或暗著拋話給你接時，你總是認同他的前提並添加一些新的東西。蒂娜‧費在暢銷喜劇自傳《Bossypants》中解釋道：

> 如果我一開場就說：「這裡未免也太熱了吧。」然後你只說：「是啊……」，這樣我們很難繼續講下去。
> 　　但如果我說：「這裡未免也太熱了吧。」你接著說：「不然咧？我們在地獄啊，當然很熱。」或者，我說：「這裡未免也太熱了吧。」你接著說：「是啊，這種溫度對蠟像來說實在不大妙。」或者，我說：「這裡未免也太熱了吧。」你接著說：「我就跟你說，我們不該爬進這隻狗的嘴裡。」這樣我們就有進展了。

　　「對，而且」這個方法增添了場景，有助於幽默的發揮，並在對戲的夥伴之間建立了信任。

　　凱利‧李奧納德（Kelly Leonard）認為，想要鼓吹輕鬆的文化，最有效的方法就是：對同事與團隊自然產生的輕鬆幽默，做出「對，而且」這樣的回應。李奧納德

** 作者注：話雖如此，如果你真的有幽默感，就盡量秀出來。

出過一本書，英文書名正是《Yes, And》。[※,3]

　　當你自嘲作樂時，這點更加重要——或者說，感受更加強烈。羅孚公司（Rover）是一個專門為寵物主人與經驗豐富的遛狗人士和寵物保姆配對的熱門平台，艾倫・伊斯特利（Aaron Easterly）身為羅孚公司的執行長，經常鼓勵員工自娛自樂，甚至拿他來開玩笑也沒關係。

　　舉例來說，在公司創立八週年那天，伊斯特利的團隊決定用甜甜圈和一項名為「真心話大冒險：你多了解伊斯特利比賽」（Two Truths and a Lie: the How Well Do You Know Aaron Easterly Contest）的簡易派對遊戲來慶祝。那個遊戲只有十題，每題都包含三項有關伊斯特利的陳述，其中兩項是真的、一項是假的（「兩真一假」），挑戰在於猜出哪項是假的。

　　那個小遊戲揭露了關於伊斯特利的一些尷尬事實：

- 他曾經買過一輛手排的吉普車，一時忘了自己根本不會開手排車。

- 他有一次去參加董事會的晚宴，卻吃不下去，因為他走去參加晚宴時，邊走邊吃巧克力餅乾，到現場時已經飽了。

- 某次他對著滿場的MSN高管宣傳自家公司時，多次誤稱他們來自AOL。

　　伊斯特利回憶道：「於是，我二十年來做過的所有

蠢事，都成了大家難以磨滅的記憶。」但他並不擔心自己犯下的尷尬錯誤被記錄下來，變成同事的笑柄，而是跟著大家一起同樂，甚至在員工的追問下，進一步透露那些故事的細節。

Google的前董事長施密特，也很熟悉這種「犧牲自己，以博得眾人歡笑」的效用。他以前還在昇陽電腦（Sun Microsystems）擔任產品開發主管時，某天一進辦公室，發現辦公室的中央停著一輛福斯金龜車。看來似乎有幾個人惡作劇，買了那輛車，先拆解，然後連夜運到他的辦公室，趁他來上班之前，把車子重新組裝好。*施密特知道，面對這場精心設計的把戲，他的反應很重要。他回憶道：「我對自己說：『好吧！今天臨時改變計畫，一起惡搞吧。』」

他沒有退縮，而是乾脆順水推舟，後續幾天都在那部金龜車裡開會。

一起同樂

對

而且

＊作者注：愚人節在昇陽電腦是一個大家都重視的節日，他們向來卯足全力惡搞。有一年，員工把執行長辦公室的所有東西，都搬到公司停車場的一個貨櫃裡。還有一次，一位高管的辦公桌被搬到舊金山水族館的某個水族箱當底座。

欣然接納底下的影響力

在皮克斯，卡特莫爾把那些讓公司走道充滿笑聲、歡樂、可愛毛茸茸怪獸的歡樂慣例，視為凝聚公司的重要力量。他從來都不覺得，決定組織的文化走向是領導者的職責。他表示：「歡樂不是一種由上而下散播的東西。」

相反地，輕鬆交流的文化可以——而且必須是——來自各個層級。仔細觀察的話，你會發現到處充滿了潛在的活力。我們從採訪中發現，受訪者經常把這種潛在活力的來源——能夠幫忙營造這種文化的員工——描述成三種類型：活寶、文化載體、璞玉。

「文化載體」是組織中的天生領導者及明日之星，擁有渾然天成的幽默感。「璞玉」是曖曖內含光的低調努力者，偶爾出其不意神來一筆。「活寶」擅長煽動氣氛及衝撞制度，做起事來與眾不同，不墨守成規。

如何善用這三種類型——以及他們對組織的不同影響力——取決於當前的文化與目標。把活寶丟進皮克斯，他可能如魚得水。然而，把活寶丟進紐約洋基隊，他可能改變局面，或者更確切地說，他確實顛覆了局面。

活寶

很少工作場所比美國職棒大聯盟（Major League Baseball, MLB）面臨更大的風險或壓力。然而，誠如紐約洋基隊的傳奇「A-Rod」艾力士·羅德里奎茲（Alex Rodriguez）所說的，輕鬆的文化是洋基隊在2009年世界

大賽中奪冠的關鍵要素。然而，在那幾年前，洋基隊的文化卻是截然不同的。

即使你不知道「短打」（bunt）與「投手犯規」（balk）的區別，*你也一定聽說過紐約洋基隊——最著名的棒球隊。但是，在悠久歷史與傳統的包袱下，這支球隊並不愛搞怪。喬治·史坦布瑞納（George Steinbrenner）長年擔任洋基隊的老闆，領導洋基隊長達三十七年，甚至還針對毛髮訂過一項嚴格的禁令：不准留長髮，臉上只能留小鬍子，不准留大鬍子。A-Rod開玩笑說：「我們有如棒球界的高盛（Goldman Sachs）。」

但是，2006年洋基隊春訓時，一位新加入的球員引起了很多騷動（而且不全然是好的騷動）：中外野手強尼·戴蒙（Johnny Damon）。他是在休賽期從對手波士頓紅襪隊（Red Sox）挖角過來的。

戴蒙這個人很特別，至少可以這麼說。他很喜歡成為大家關注的焦點，他開黑色的法拉利，並且把自傳取名為《白痴》（*Idiot*）。有一次，他把一顆南瓜從34樓的陽台丟下來，只是為了好玩。像這種典型的活寶，如何融入洋基隊那種一板一眼的文化呢？

他當然沒有融入，所以才會引起騷動。A-Rod回憶道，戴蒙加入春訓的第一天，「早上六點，他扛著無線音響走進訓練場，音響超大聲播放著搖滾小子（Kid Rock）

＊ 作者注：娜歐米以前是大學校隊，珍妮佛是穿夾腳拖運動的人，大家應該可以猜得出這句話是誰寫的。

的音樂，他馬上一炮而紅。」（說句公道話，搖滾小子的音樂，還真的不適合小聲播放。）

戴蒙帶來的輕鬆能量，為整支球隊挹注了活力，而不是不必要的波瀾。A-Rod說：「那激發了很多人的幽默感，」不僅如此，「也讓我們的球打得更好。那讓我們放鬆下來，進步更多。」不久，其他的球員也跟進同樂，投手柏奈特（AJ Burnett）開創了一項新傳統：每次有隊友擊出全壘打或再見全壘打時，他就在場邊等著拿派砸他的臉。

戴蒙的活力充滿了感染力，A-Rod很早就發現他的活力促使整支球隊朝氣蓬勃：「在這個充滿統計數據的世界裡，每個球員都受到數字的評估——全壘打、打點、長打率等等——有些人一加入球隊，就徹底顛覆了一切。他們改變氛圍、改變能量，使整支球隊變得更輕鬆，因此戰績更好。」

像戴蒙那樣的活寶是直接挑戰文化，雖然他們的作法風險較大、破壞力較強，但可以促成文化的大躍進——不過，前提是：像A-Rod這樣的領導者要有足夠的洞察力與彈性，懂得接納及肯定他們的影響。

當皮克斯的文化遇到阻礙時，就是靠活寶來扭轉局面。卡特莫爾回憶道，公司成立多年後，早期的員工（曾以年輕、愛玩鬧著稱）都進入不同的人生階段。許多人成家、為人父母，所以不再加班到深夜，不再一起玩樂抒壓（以前他們在停車場用五加侖的飲水機專用桶發射火箭，一度砸碎汽車的擋風玻璃），而是提早下班回

家陪伴家人。新一代的年輕人加入公司後，也被這種沉穩枯燥的文化潛移默化。卡特莫爾說，某天他突然意識到：「我們已經失去了歡樂。」

對此，卡特莫爾的作法是把那些活寶找來，分享他的觀察，並鼓勵他們帶頭進行文化改造。卡特莫爾指出，改變只需要他從旁鼓勵，輕輕一推，那些活寶就會開始行動，呼朋引伴，打破常規，重新點燃歡樂的火花。動畫部門在這種搞怪的鼓吹下，決定拆解一輛舊卡車。接著，他們趁週末的空檔，在沒有徵求許可下，逕自在動畫部門的中間，重新組裝那輛卡車。雖然辦公室裡停了一輛卡車似乎不大方便，但是就像卡特莫爾說的：「那傳達出很好的訊息。」

當文化偏離軌道時，活寶可以成為改變的催化劑，重新點燃搞怪與嬉鬧的熱情。卡特莫爾說：「公司裡總是有一些比較『外放』的人。如果每個人都像他們一樣，大家可能無法完成很多工作。但企業文化也需要這種人，因為他們向其他人傳達出這樣的訊號：與眾不同也沒關係。」

找出這些活寶，適時鼓勵他們發揮，有助於鼓吹歡樂，同時傳達這樣的訊號：偶爾打破規則、打破擋風玻璃、大聲播放搖滾小子的音樂也沒關係。

文化載體

文化載體是公司裡普遍受到尊重的明日之星，他們碰巧也喜歡幽默與玩樂。當他們獲得支持與鼓勵時，就

變成了培養輕鬆文化的祕密武器。

為了說明他們的作用，讓我們回到2015年，看看當時迅速成長的線上教育新創企業Coursera。執行長瑞克・萊文（Rick Levin，曾任耶魯大學校長）一如往常那樣開始每週的全員會議，列出當前關注的優先事項及達成進度。但是，會議上出現了一位不速之客，這名神祕的男子戴著Google眼鏡，從萊文的身後質問這位執行長，員工在一旁看得入迷。

該名男子似乎是Coursera最大的競爭對手Udacity的執行長塞巴斯蒂安・特龍（Sebastian Thrun）。隨著會議的進行，他的質問越來越咄咄逼人。他就像精神錯亂的大反派，經常打斷萊文的話，並用誇張的德國口音痛批萊文及Coursera：「哦……你以為你們很行、很厲害嗎？我的自駕車可以繞著你們打轉！」他奸笑起來。

那些滑稽的叫囂，引起Coursera員工的哄堂大笑與掌聲，但從頭到尾萊文都不為所動。

那個「特龍」其實是康納・迪蒙－約曼（Connor Diemand-Yauman），他是Coursera最早雇用的員工之一，也是公司裡的名人。他在公司裡因工作勤奮及升遷迅速而廣受敬重，他還有一種搞怪的幽默感，擅長為枯燥平凡的時刻注入活力。

在那幾個月前，迪蒙－約曼以同樣的「特龍」扮相，參加公司的萬聖節派對。萊文大可跟團隊的其他成員一樣，笑著看他的搞怪模仿，笑笑就算了。但是，他沒有輕易放過這個機會，而是進一步運用職位來放大迪

蒙－約曼的搞笑模仿，問他願不願意把模仿「特龍」這件事發揚光大？

　　萊文不僅接納這種惡搞，更積極給予支持，藉由支持迪蒙－約曼和他的搞笑方式，為其他人提供了同樣的空間。迪蒙－約曼表示：「萊文與其他的管理高層強調，我們每個人都有責任把Coursera塑造成我們渴望工作的環境。他們給予員工很大的空間去玩樂、創造歡樂，尋找提升文化的方法，最終也提升了公司的績效。」

　　萊文對Coursera的文化載體所給予的肯定，不僅做得很好，也影響深遠。這種動態為Coursera創造出一種持久的搞怪歡樂文化，即使迪蒙－約曼已經離職多年，員工仍然認為那種文化是吸引他們加入及繼續留在公司的主要動力。

　　為了培養文化載體，你應該鼓勵他們站出來，一起因應挑戰與機會。你應該把他們當成同儕看待，與他們分享組織面臨的議題，讓他們與你一起解決關鍵問題——增添他們的玩樂風格。這麼做，可以培養他們成長，讓他們在現在與未來創造出重大價值。

璞玉

　　第三種類型的員工很容易遭到忽略。璞玉是高效又勤奮的人，他們有鼓舞人心（及受到鼓舞）的技能、怪癖與嗜好，只是往往沒有人關注。

　　我們回顧一下前文提過的淺井弘紀，他是蘋果創意設計工作室的前總監，喜歡在公司的全員會議上發揮創

意。在某次會議之前，他得知一位基層的團隊成員除了是熟練又專注的設計師以外，也是受過科班訓練的歌手，只是同事幾乎都不知道這件事。

那天開會時，淺井弘紀上台後，就邀請那位員工一起上台，向大家解釋，她是上台來分享團隊最近的成果。但她一拿起麥克風，巨大舞台的簾幕就打開了，裡面躲著一個合唱團，他們立即唱起歌來，為那位開始在舞台上高歌的員工伴唱。

淺井弘紀也在觀眾席中，偷偷安插了幾位表演者，那些表演者開始跳起舞來，往舞台前進，現場頓時嗨了起來。當那位歌手在兩千多位同事的面前博得滿堂彩時，整個禮堂充滿了讚賞、笑聲、和諧的歡樂氣氛。

你可能覺得這種快閃演唱會「對事業沒什麼幫助」，淺井弘紀可不是這麼想的。

首先，發現璞玉的獨特才能——公司各個角落都有這種勤奮的優秀員工，只是沒人發掘罷了——就是激發幽默及歡樂的有效方法。這一切歸結到底是我們熟悉且喜愛的一種元素：驚喜，展現才華所帶來的驚喜，創造出歡樂的時刻。這不需要搞笑，只需要真實，就能夠觸發歡笑。

除了共享歡樂時刻以外，這也可以用一種更深刻、更持久的方式來塑造文化。淺井弘紀認為，藉由發掘組織中的璞玉（他稱之為「無名英雄」），他也讓大家知道，組織裡的每個人（不分年資或地位），不僅因為工作中創造了什麼而受到重視，也因為他們喜歡做什麼而受

到重視。這表示，無論你有什麼特別的喜好與個性，公司都很歡迎你。璞玉是幫助你傳達這個訊息的強大盟友。

這種關係也可以反過來：當員工覺得他們可以在工作上充分做自己時——充分展現個人喜好、癖好、與眾不同的特質——他們的幽默感也會隨之而來。

把輕鬆變成慣例

你公開講了一些幽默風趣的話（或至少展現出你有幽默感），也找到一些你想認真培養的活寶／文化載體／璞玉。但你還不滿意，你想創造一種禁得起時間考驗的輕鬆文化。

這需要把輕鬆變成慣例，把它融入組織文化的結構中。

策劃決定性的時刻

停下來思考一下：在你目前的工作中，最決定性的時刻是什麼時候？當你思考最難忘、最重要的時刻時，亦即對「你對工作的觀感」影響最大的時刻時，你會想到什麼？

大腦對生活的記憶，不是像電影那樣展開的，而是像一系列的快照。當你停下來思考時，那些快照會湧現在腦海中，但那些快照並非隨機捕捉的影像。

相反地，而是以兩種情境居多：體驗中「情感最強烈」的時刻（「顛峰」）和體驗的「最後」時刻（「終點」）；換

言之，也就是由丹尼爾‧康納曼（Daniel Kahneman）和芭芭拉‧佛列德里克森（Barbara Fredrickson）所謂的「峰終定律」驅動的。[4]

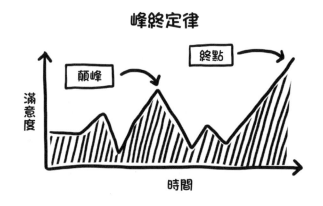

因此，這兩種時刻對我們如何記憶生活中的事件、體驗、工作，甚至我們接觸的人物，都有很大的影響。了解這個現象以後，我們可以進一步了解如何塑造大家對文化與情感的共同記憶，讓員工即使在經歷那些事情很久以後，依然很有共鳴。

淺井弘紀說，精心塑造文化，就像在家裡打造一面家庭照片牆一樣。「當你那樣做時，是刻意去頌揚某些人物、時刻、你去過的地方。你把那些時刻裱框起來，掛在牆上。」他說，那些時刻會不斷提醒你家庭的價值觀，如果是在組織裡，那些時刻會不斷提醒你組織的價值觀與文化。

匯集組織裡的每個人時，每個時刻都很重要，這也是為什麼淺井弘紀要花那麼多的心力，以充滿歡樂的獨

特方式讓大家齊聚一堂。從合唱團到員工裝扮成藍人樂團的影片，再到精心製作的追捕場景（以淺井弘紀為追捕目標），這些時刻都是為了創造出感官的顛峰而精心設計的。它們為當下的體驗挹注了活力，之後便「掛在牆上」，在那一刻結束很久以後，仍舊繼續界定價值觀。

這一章蒐集了許多公司的例子，他們在公司的聚會中，注入輕鬆的元素以創造感官的顛峰。你知道有四種類型，可以幫你確保這些顛峰的出現。

但是，「終點」又是怎麼回事呢？

Google X 是 Google 旗下的祕密研發單位，主要是研究大膽、抱負遠大、看似不可能解決的問題。吉娜・阿馬羅・魯丹（Gina Amaro Rudan）開始在 Google X 擔任「文化大使」時，她知道這個團隊需要一種儀式來象徵專案的死亡。

於是，魯丹參考亡靈節（Día de los Muertos）等著名儀式的概念，構思「X 日」（Dia X），那個概念很快就變成全公司的年度慶祝活動。在那場慶祝會上，Google X 的員工為他們扼殺的原型打造祭壇，為他們關閉的事業發表悼詞，也哀悼他們終止研發的概念。他們運用輕鬆的元素，突顯那些對組織有意義的「結束」。

表面上，亡靈節之類的概念，可能與「輕鬆」的概念正好相反，但它其實是一種強化 Google X 文化價值觀的方式，而且出奇地有趣，充分突顯出促成 Google X 成功的關鍵價值觀：創新與敏捷。魯丹指出，你需要「重視你的點子與創新，從中學習。每年，我們都會為此舉

行一場儀式。」

不過，為「終止」挹注輕鬆的元素，不見得要花大錢搞很大的排場，我們有一位學生的經驗就是很好的例子。他在波士頓顧問公司（Boston Consulting Group）任職時，與團隊為一個特別難纏的客戶完成了一項專案。專案接近尾聲時，團隊因為連續數個月投入那個吃力不討好的任務而精疲力竭，情緒緊繃。所以，專案負責人辦了一場團隊聚餐，主持一場精心策劃的典禮。在典禮上，他頒給每個團隊成員一份「紙盤獎」，記念專案期間發生的趣事，獎牌就是用薄薄的紙盤做的。

那位學生回憶道：「那項專案真是要命，但因為有那場典禮，團隊最終對那項專案與彼此留下了不錯的回憶。我很確定，我還留著那個盤子。」

所以，切記：人很容易記住顛峰與終點。如果有人想要知道你們的組織文化，因此問你的同仁：「在那裡工作是什麼樣子？」，或「為什麼我應該加入？」，他們會提到最明顯的記憶。

你應該確保那些回憶是好的。

把意外變成傳說

設計幽默的新儀式與慣例，對有些人來說很難。我們懂，所以接下來我們要教你怎麼做。

如果這些方法都不適合你，你可以試著運用觀察力，尋找你們組織裡自然的歡樂時刻。當你發現那些與你渴望擁有的文化產生共鳴的時刻，想辦法給予支持，

鼓勵它們發展。

福特智慧移動（Ford Smart Mobility）的格林菲爾德實驗室，正努力為未來的交通尋找與打造移動方案。某天，一位工程師提到，有些問題「比幫雞穿上襪子還難」。這個比喻令團隊為之莞爾，也促使他們開創了一個慣例：每週送一雙瘋狂或怪異的襪子給一位團隊成員，以肯定他的努力。這項慣例不久就成了這個實驗室的特色，直到今天，他們都歡迎新員工與訪客穿上自己訂製的襪子（通常是以雞為主題）來實驗室。由於他們發送的襪子數量很多，襪子已經變成預算中的一個常態項目。

儀式是組織或團隊文化的核心，哈佛商學院的麥可・諾頓（Mike Norton）教授表示，即使是看似奇怪的儀式，也可能變成凝聚群體的動力來源。[5]儀式可以創造認同感與親和力，進而促成投入、努力與績效。它們往往先在小團隊裡扎根，接著傳播到整個組織，緊密地融入文化中，讓人完全忘了以前沒有儀式是什麼樣子。

就像令人拍案叫絕的漫畫一樣，擁有這種能力的領導者是敏銳的觀察者，能夠敏銳察覺新的行為或活動，把它納入「正式的」組織儀式中——喬伊・茲威林格（Joey Zwillinger）就是一例。

茲威林格是永續鞋類製造商 Allbirds 的執行長。2016年8月的某一天，行銷團隊的一名成員來跟他打賭，說月底前公司的營收將達到125萬美元。那時公司才剛開業六個月，Allbirds 剛擺脫七月份季節性的零售淡季，同

時遇到存貨短缺。茲威林格認為，那個數字高得很不合理，但他還是跟那個員工打賭了。他問她要賭什麼？對方開玩笑說：「在辦公室裡裝一台粉紅酒冰沙機（frosé machine）。」*

沒想到，Allbirds真的達到那個數字了，他們兩個都很訝異。茲威林格宣布他賭輸了，不僅買了一台粉紅酒冰沙機，也訂下每週慶祝的慣例。「週五粉紅酒冰沙」（Frosé Fridays）因此變成一種潮流，**把一次性的玩笑變成持續性的輕鬆常態。

在前述這兩個例子中，新慣例是從歡樂的意外中自然產生的。身為領導者，你可以多關注公司裡的活寶與文化載體，把握機會鼓吹這些自然產生的儀式。根據我們的經驗，由下而上的慣例往往比由上而下的慣例，更容易獲得廣泛的採用。留意尋找自然的歡樂時刻，給予支持，接著就放手讓它自由發揮。

牆會說話

現在，你的肢體語言透露出什麼訊息？

你是挺胸，還是駝背？你的嘴角是上揚，還是下垂？你是否像皇室一樣挺拔地坐著（像強大的皇室，而不是虛弱的哈布斯堡王朝子嗣）？

肢體語言有很深的含意，組織的實體空間也是如此。

---

* 作者注：frosé是frozen rosé的混合詞，這是整本書中顏色最花俏的註解。
** 作者注：團隊成員週六特別想念那段慶祝時光。

「實體空間就是組織的肢體語言。」全球創新設計公司IDEO的合夥人布蘭登‧博伊爾（Brendan Boyle）指出，「當口頭語言與肢體語言不一致時，肢體語言占上風。」

Google與臉書等科技龍頭之所以把會議室命名為「Firefox不是我們開發的」（We Didn't Start the Firefox）、***「史蒂芬‧泰勒的長絲巾」（Steven Tyler's Scarf）、#「有毒」（Toxicated）是有原因的：這樣做，向員工傳達了有趣的訊號，而且效果就像微笑一樣微妙；公司樂見這種輕鬆的元素，而且多多益善。

*** 作者注：我們的朋友大衛‧伊斯科（David Iscoe）聽我們講完這件事後，毫無緣由地消失了一個小時，結果寫出下面這首歌——一段歷史正確的歌詞，搭配比利‧喬（Billy Joel）〈火不是我們放的〉（"We Didn't Start the Fire"）的旋律，歡迎各位好好欣賞。

〈Firefox不是我們開發的〉（"We Didn't Start the Firefox"）作詞：David Iscoe

NCSA, Mosaic, Erwise tanked, it's archaic

Marc Andreesen, James Clark, Barksdale CEO

Netscape Navigator, Godzilla looked like a gator

Number one market share, killer IPO

Netscape sold to AOL, product support went to hell

iPlanet, disbanded, nowhere left to go

AOL went bad to worse, Mozilla went open source

Foundation, Corporation, deprecated suite

Firefox, Thunderbird, friendly hackers spread the word

Bugzilla, Gecko, Pocket if you read

We didn't start the Firefox

It's as old as trousers

Since the world's had browsers

We didn't start the Firefox

No, we didn't code it

But our iPhones load it

（原曲的歌詞摘錄1949年到1989年的頭條新聞，伊斯科仿效這個作詞風格。）

譯注：泰勒是史密斯飛船（Aerosmith）的主唱，他專用的麥克風架總是綁著長絲巾。

我們大概都聽過科技龍頭公司的工作環境有多誇張，例如：公司裡有乒乓球桌、彈跳床、會議室裡有溜滑梯（沒錯，這是一種流行。）

雖然把辦公空間變成遊樂場，確實是醞釀輕鬆幽默的溫床（也可能是醞釀集體訴訟的溫床），但絕對不是促進輕鬆元素的唯一方法。研究顯示，一些環境因素也有助於提升敬業度、生產力、創造力、幸福感。例如，讓員工在工作空間的設計上擁有更多的自主權，運用植物與明亮的顏色等等。

賈斯汀・柏格（Justin Berg）是史丹佛大學的組織心理學家，他的研究顯示，「原始標記」[6]——員工在構思想法時看到的第一個視覺提示——決定新穎性與實用性的軌跡。當原始標記令人驚訝或不尋常時，創意往往跟著浮現。

事實上，我們看到的一些最有效的實體空間改變，通常是最簡單的：一些和整個實體空間交織在一起的小細節，不斷發出「我們是來工作、也是來玩樂」的訊號。

舉例來說，電子賀卡暨個性化影音媒體 JibJab 的領導者，最初為洛杉磯的企業總部設計辦公空間時，決定打造幾面超大的牌子掛起來，上頭寫著公司的價值觀。其中一面牌子原本打算寫上「AGILITY」（敏捷），不幸拼錯字成了「AGLITITY」。不過，共同創辦人葛雷格・斯皮里德利斯（Gregg Spiridellis）與艾文・斯皮里德利斯（Evan Spiridellis）決定保留這面拼錯字的牌子，大剌剌地展示出來，提醒大家公司接受失敗，不會把失誤看得太

嚴重。

設計一個輕鬆的空間，有助於強化重要的組織價值觀。IDEO是這方面的專家，例如：他們鼓勵員工回應牆上張貼的有趣話語或發人深省的詞句，也鼓勵員工在辦公室裡隨機擺放一些奇怪的驚喜，比如在馬桶座前方設置一個迷你的高爾夫球洞，坐著時可玩。在研究諮詢公司佛瑞斯特（Forrester），一個團隊打造了一面「每週語錄牆」，讓員工記下最有趣的時刻和妙語，鼓勵員工在工作中尋找幽默與歡樂的時刻。2014年，特斯拉（Tesla）宣布對公眾開放所有的專利，為了記念這個重要的時刻，在工廠的一面巨牆上自豪地玩起一句流行哏的變體：「ALL OUR PATENT ARE BELONG TO YOU」（我們的專利全屬於你）。[#]

歸根結底，實體的修改遠不如精確反映公司文化的獨特價值觀與性格來得重要，畢竟價值觀與性格才是公司發展的依歸。

回到皮克斯，我們在卡特莫爾的帶領下，參觀了他們的辦公室。創意人員在辦公空間裡，包括一些精心裝飾的辦公桌，甚至還有幾間「私人小屋」，四處走動。長期擔任皮克斯動畫師兼導演的布萊德・博德（Brad Bird）表示：「你到樓下的動畫區走一走，會覺得那裡很亂。有人可能搭起西部城鎮的布景，有人可能搭起夏威

[#] 譯者注：原句是「All your base are belong to us」（諸位的基地由我們CATS收下了），這是一句文法有誤的句子，源於1989年日本Sega發售的遊戲字幕被誤譯，後來經過網路傳播變成網路迷因，是一個非常經典的例子。

夷的布景。」

當我們經過一間辦公室時，看到牆上畫了一個拱門的輪廓。卡特莫爾注意到我們的困惑表情，跟我們解釋：皮克斯總是把辦公室的牆壁漆成白色，就像一塊空白的畫布，動畫師可以在牆上到處畫畫。有一次，一位員工不止畫畫，還在牆上開了一個大拱門，以便從他的辦公室看到人來人往。那位員工後來離職了，那間辦公室的下個主人把那個洞補了起來，但他們還是在原處畫上拱門的輪廓，向那位員工致敬。〔如果他們是雇用「威利狼」（Wile E. Coyote）的話，可能就造成職業傷害了。〕#

這種對個性化辦公室的開放態度，正是卡特莫爾對職場抱持輕鬆理念的典型例子。他說：「自然（organic）意味著開始與結束。我們應該讓慣例自然成長、發展、消失，為新的慣例騰出空間。」

卡特莫爾認為，我們應該輕鬆看待慣例，有些慣例會逐漸消失，但新的慣例會開始。就像那間辦公室的拱門一樣，領導者應該尊重舊有的慣例，但如果逐漸消失了也無妨，新的慣例才有機會出現。他們必須相信自己種下了正確的種子、培養了恰當的人才；這樣一來，新的儀式、慣例和元素，才會在實體空間穩健成形發展。

\# 譯注：在卡通《威利狼與嗶嗶鳥》中，威利狼最愛用來捕抓嗶嗶鳥的招數就是假黑洞，但往往抓不到嗶嗶鳥，反而害到自己。

第 7 章

拿捏幽默

的分寸

「幽默靠近
真理那團
熊熊大火時，
讀者也會
感受到灼熱。」

——E.B. 懷特（E. B. White），美國作家

如果你曾與朋友、同事或另一半針對某事是否好笑，出現意見分歧（當晚，你看著另一半在床上睡著了，而你捧著一大盒班傑利冰淇淋，垂著淚，開始產生自我懷疑），這一章是為你寫的。本章談論個人對幽默的認知差異——什麼原因導致差異、那是怎麼發生的，以及發生認知差異時該怎麼做。

提到幽默，每個人的品味與敏感度各不相同。你可能覺得《富家窮路》（*Schitt's Creek*）是有史以來最精彩的電視節目，你的好友可能覺得那齣戲「還可以而已」。你可能覺得政治笑話碰不得、不該帶進職場，但你的同事可能經常模仿總統。或者，你那17歲的女兒很沉迷某個YouTube頻道或Twitch串流，但你完全看不懂。*

重點是，我們覺得好笑或適切的東西，不見得每個人都認同。關於幽默，灰色地帶可多了。

---

* 作者注：或者，你父親覺得用得好的雙關語讓人心情愉悅，但你覺得用得好的雙關語都是無法拿出來分享的笑哏。或者，你朋友喜歡《南方四賤客》（*South Park*），因為它嘲諷的對象不分種族、宗教、性別、政治立場，但你覺得積非不能成是，負負無法得正。或者，你妹妹覺得拿別人跌了個狗吃屎或別人的失敗來開玩笑很惡劣，但你自己跌倒或失敗太多次了，也忍不住自嘲。或者，你覺得影集《六人行》（*Friends*）那幫人的滑稽動作很好笑，但你可能像《飛出個未來》（*Futurama*）的外星人勒爾（Lrrr）那樣納悶：「《六人行》中體型最大的那個羅斯，為什麼不乾脆吃掉另外那五個人？」或者，你覺得豆豆先生（Mr. Bean）頭上頂著一隻火雞走來走去很好笑，但你的伴侶覺得人類在任何情況下都不該把家禽穿戴在身上。或者，你的朋友喜歡瑪麗亞‧班福德（Maria Bamford）公開談論憂鬱症的方式，但你覺得那很蠢，無法接受。或者，你也許喜歡動畫《馬男波傑克》（*BoJack Horseman*），因為裡面充滿了動物的雙關語，但你的表弟喜歡，是因為它對精神病的刻畫非常精準（動物雙關語反而削弱了精準度）。或者，你現在讀這本書的註腳，是因為你很認真，了解努力工作的價值。謝謝你，我們看見你了，感謝你。

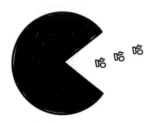

我們問大家，是什麼因素阻止他們在職場上發揮幽默感時，很多人說是因為怕不小心逾越分界得罪了人。這種擔心並沒有錯，在職場上，不當或攻擊性的幽默（例如：在不當的脈絡中開玩笑，或是對象不恰當）可能會破壞關係、而不是強化關係，妨礙職場衝突的化解。[*]

此外，在現在這個敏感度高、政治兩極化、取消文化（cancel culture）[#]盛行的年代，在職場上發揮幽默感的風險似乎比以前更大了。此時你可能已經明白，我們覺得幽默感是重要的隨身工具，但那不表示就很容易發揮。在這一章中，我們將深入探討幽默何時失敗、失敗

---

[*] 作者注：值得一提的是，以侮辱型喜劇著稱的搞笑演員唐‧里柯斯（Don Rickles）從來沒上過班。

[#] 譯注：「取消文化」是一種抵制行為，尤其是在網上發起的抵制行為。名人或企業因為說了或做了令人反感或不能接受的言論或行為，而遭到輿論抵制，導致工作機會、商業代言、企業贊助，甚至網路影響力都遭到「取消」。

的原因，以及萬一幽默失敗了，該如何圓場。

我們先從幽默的灰色地帶以及如何拿捏幽默的分寸看起。接著，我們會深入探討「幽默失敗」的生命週期，了解如何判斷幽默失敗了（提示：這比聽笑聲來判斷複雜多了），然後診斷情況，加以改正。

我們的目標是：負責任地運用幽默感，把善解人意、同理心、歡樂結合在一起。藉由了解幽默的細膩差異，我們可以讓發揮幽默感變得不是那麼冒險，而且更加多元。

幽默的灰色地帶

我們的「幽默課」上了半個學期後，會進行一個叫做「頻譜」（Spectrum）的活動，那個活動是像下列這樣運作的。

我們讓學生看幾則在公開論壇上發布的笑話或評論，例如：推文、廣告、漫畫、影片、公眾人物的演講等等，那些作者的本意是想搞笑。

我們讓學生看了那些素材後，請學生從「適切度」與「好笑度」來思考素材的落點。接下來是真正有趣的部分，我們請學生排成一排，**從「非常適切」排到「完全不適切」，從「好笑」排到「不好笑」。

** 作者注：如果是網路授課，他們會用數位分身在線上排隊。

排好後，大家開始討論那些反應是如何產生的，以及為什麼他們會有那些觀感。許多笑話或評論所引發的反應出奇地多元——這也是為什麼學生需要了解，「頻譜」活動的目的不是為了證明誰對誰錯，而是為了顯示幽默會以許多方式影響不同的人。在多數情況下，幽默是否適切是非常主觀的，那是許多因素促成的結果，包括個人經歷、背景、環境、政治傾向、當下的飢怒程度（hangriness，亦即餓到生氣的程度）等等。

下列是引導大家討論的活動規則：先做出反應（不分析）；開誠布公；承認自己是異數；頌揚改變。這種討論很豐富、坦率，深入探討道德、意圖、後果等話題。學生傾聽彼此的觀點、分享個人經歷，而且有機會改變自己在頻譜上的位置（如果他們願意改變的話）。

這個活動往往揭開一些令人不安的事實。正因為這種討論很棘手，所以話題更顯得尖銳。藉由這類對話，我們的目標是培養同理心、提升意識，同時希望促成行為的改變。

所以，問題來了：當我們試圖為職場與生活增添幽默時，如何把這些多元的反應考慮進去？我們要如何拿捏幽默的分寸，避免犯錯？

事實、痛苦、距離

我們的朋友安·利柏拉（Anne Libera）長期擔任第二城喜劇團的導演，也是芝加哥哥倫比亞學院（Columbia College Chicago）的教授，她在美國開設了第一個喜劇

寫作與表演的大學學位。她的喜劇理論可為幽默的灰色地帶釐清一些細節。她認為，喜劇有三個關鍵組成：事實、痛苦、距離。就像政府的三權分立一樣（至少理論上是這樣），這三個部分是協同運作的：運作得宜時，是絕佳幽默的來源。但運作不當時，可能會冒犯他人，造成分裂。因此，了解這三個關鍵，有助於根據場合、地位、情境來調整發揮幽默感，也有助於在事後檢討時了解，你的幽默為何逾越了分界。

事實：是喜劇的核心，我們是嘲笑我們看得懂的東西。但與此同時，事實加上痛苦，但距離不夠時，則會讓人覺得你不善解人意、傷人或無禮。

痛苦：可以是身體的痛苦，也可以是情感的痛苦，從暫時的尷尬到嚴重的悲劇或創傷都是痛苦。（利柏拉對痛苦的定義更廣，包括禁忌、風險、認知失調等元素。但我們的定義是，只要有某種程度的不安，就算是痛苦。）在某些情況下，從痛苦中尋找幽默可能有宣洩的效果。在其他情況下，那只會喚起我們不願重溫的感受。

距離：是衡量一個人或一群人與開玩笑的對象之間的距離。那可能是時間上的距離（「太快」嘲諷某事），地理上的距離（某事發生在我身上或鄰居身上，而不是在地球另一端的某個人身上），或心理上的距離（某事與我們個人經歷的相關性）。

頻譜

我們來回顧一下「頻譜」活動，看這三個關鍵元素

是如何互動的。

首先，我們讓學生看一則推特上的發文，寫道：

「思科（Cisco）剛剛錄取我了！現在我需要權衡『錢多』、『事多』、『離家遠』的利弊。」

這則推文顯然是為了搞笑，但這樣做恰當嗎？

一位學生覺得這樣發文完全無害，她想像這個人的推特帳號是私密的，只有朋友看得見他的發文。她認為這則推文「恰當」，是因為她覺得能夠對朋友傾訴不滿的心聲是健康的，也很重要，而且加入輕鬆的元素還有療癒的效果。

與此同時，在認為「完全不恰當」的那一邊，一位學生提出不同的觀點：如果這是公開發文呢？「發文者基本上是在取笑他即將加入的公司。如果我是思科的員工，我會有被冒犯的感覺，甚至會質疑我們為什麼要錄用他。」

答對了！

這段話裡的事實顯而易見：說到工作與生活的平衡，每個人都被迫在兩者之間權衡，那段話直接點出了這種權衡的核心。*如果你把幽默從那則推文中移除，作者其實是在說：「在思科上班很爛，要不是因為錢多，我根本不會考慮這份工作。」

這種話可能適合對朋友說，但不適合對整個推特圈

---

* 作者注：不曾在工作與生活之間權衡的人，要不是沒上過班，就是毫無生活可言，或是工作與生活都很完美，那我們實在太嫉妒了。

說——況且，被你說很爛的那家公司，幾乎一定會有推特帳號，很容易就輾轉得知你的嘲諷。

那段文字確實是出自一則公開的推文，而且剛好被一位思科的員工看到了。由於事實令人難以接受，最後那個發文者也因此丟了到手的工作。

不過，運用幽默來揭露痛苦的事實，不見得都是禁忌。以「毀滅人性卡」（Cards Against Humanity）為例，這個熱門的派對遊戲以無禮、尖刻、有時**「政治不正確」著稱。這款熱賣的遊戲是2009年在Kickstarter上發起的群眾募資活動，後來又開發出特別版，包括「技客包」（Geek Pack）、「90年代懷舊包」（'90s Nostalgia Pack）、「女用版毀滅人性卡」（Cards Against Humanity for Her）。「女用版毀滅人性卡」是一款嘲諷女用版產品的遊戲，它的常見問題集寫道：

> 問：我已經有「毀滅人性卡」了，還需要買這版嗎？
> 答：對自己好一點！你就買下來吧，找一款最適合你膚色的產品，跟姊妹淘一起待在家裡好好玩吧。
>
> 問：它有什麼不同？
> 答：盒子是粉紅色的，但卡片內容和原版的「毀滅人性卡」一模一樣，酷吧！
>
> 問：既然一樣，為什麼貴5美元？
> 答：因為我們值得你多付5美元。

** 作者注：其實，這個遊戲就是因為政治不正確才好玩。

　　這個品牌的嘲諷，不局限於實體的遊戲卡，也延伸到它的網站與行銷，下列的廣告就是一例。

酒足飯飽後，男人回客廳討論經濟及各種時事議題，咱們姊妹淘要做什麼？現在有答案了。女用版毀滅人性卡！它和原版的毀滅人性卡一模一樣，但盒子是粉紅色的，而且還貴5美元。

　　我們在課堂上展示這個產品時，覺得它很好笑的女性總是比男性多了很多。我們一點也不訝異，這很合理，女性比較可能看出笑點在哪裡：市場上標榜為「女性」設計的產品，往往比標榜為「男性」設計的「相同」產品*還貴，例如：衣服、護髮產品、護膚品、剃刀……等等。**

＊作者注：問：「我沒有仔細閱讀說明就買了這套卡片，打開才發現內容與原版的一樣。我可以退貨嗎？」
答：「不可以，那個顏色很適合你！」
＊＊作者注：這就是所謂的「粉紅稅」，如果你以高於市價的薪資雇用一位男性會計師，他會告訴你如何節這種稅。

　　但是，那段暗指男人酒足飯飽後談論經濟與時事，女人為男人奉上雪茄與威士忌後，就只能回廚房聊購物清單的文字，又是怎麼回事？那門課的女同學（或男同學）有覺得受到冒犯嗎？他們大多沒有被冒犯的感覺，因為嘲諷太明顯了。班上幾乎每個人都認為這則廣告很恰當，因為它太誇張了，一看就知道是在開玩笑。

　　一位學生說：「這很好笑，而且點出了一個重要議題的真相。」另一位學生說：「那是強而有力的聲明，也是強而有力的說法。」至少對我們的學生來說，這則廣告所陳述的事實並沒有得罪人，因為它的意圖很明確：取笑某些性別歧視的現實，而不是支持那種作法。

　　痛苦與距離是緊密相連的因素，因為距離長短往往可以預測某個話題對特定的受眾來說有多痛苦。如果悲劇是發生在你身上，或是朋友、鄰居、你的狗、鄰居的狗、狗的鄰居的身上，你感受到的痛苦會比毫無關係的人在新聞上看到那個悲劇更加真實。

　　與此同時，說笑話的人與話題的距離，也顯示出這個話題是否適合拿來開玩笑。這也是為什麼少數幾位對這則廣告的適切度抱持保留態度的學生說：「這要看廣告是誰寫的。」圈內人往往可以說一些圈外人不能說的話，這很有道理──女人可以開一些男人不能開的女性玩笑，老人可以開一些年輕人不能開的老人玩笑，諸如此類。所以，我們的學生覺得，如果他們知道那個廣告是一群聰明幽默的女人寫的，他們會覺得那個廣告比較恰當。但是，如果那個廣告是男人寫的，他們會覺得那

很卑劣。

嘲諷是揭露及因應痛苦現實的強大工具。但是，這世上是否有一些事情實在太痛苦或太傷人了，以至於不能拿來開玩笑呢？我們要如何判斷何時開那種玩笑「仍為時過早」呢？

我們讓學生思考《洋蔥報》的九一一頭版報導時，免不了會討論這個議題。《洋蔥報》的九一一頭版是在恐攻發生僅兩週後發行的，在那兩週的黑暗期，不僅大家覺得玩笑開得太早，許多人也擔心搞笑——尤其是《洋蔥報》式的嘲諷——可能永遠結束了。

表面上看來，在九一一發生不久後那麼快就拿來開玩笑，似乎不近人情到有點麻木不仁，顯然也不恰當。數不清的美國人仍在哀悼配偶、兄弟姐妹、朋友、親戚、同事、父母……最重要的是，美國看起來似乎快出兵了。那種痛苦非常強烈，近在咫尺，幾乎沒有距離。

然而，當我們問學生的看法時（2001年，他們大多是高中生或大學生），許多人覺得那些頭版標題（例如：〈他媽的老天鵝：美國遭襲，民眾不知所措，女人開始烘烤美國國旗蛋糕〉）以完美拿捏的嘲諷度，抓住了當時人們經歷的震驚、崩潰與無助。他們提出的理由——例如，一位學生當時在紐約市求學，他說：「當我迫切需要外力來幫我了解這個難以想像的狀況時，它帶給我一些抒解」——提醒了我們，當我們傷得越深，有時越需要笑聲的療癒。

當然，記住一個人對悲劇的反應是一回事，但從悲

劇發生到現在已經超過二十年了，那是很長的距離。不過，深入探索當時大眾對那期《洋蔥報》的反應，也可以發現類似的說法，那主要是因為《洋蔥報》的寫手精心設定了一個基調。如果他們沒有拿捏得那麼精準，那麼嚴重的痛苦及那麼短的距離，可能會引發截然不同的反應。

例如，有一則報導的標題是〈擁抱暴增76,000％〉。那則新聞感覺很溫馨、也很動人，突顯危機凝聚眾人的現況。那些搞笑的寫手不是拿痛苦開玩笑，而是拿同胞愛來開玩笑。

與此同時，另一則新聞標題〈五角大樓遭到大規模攻擊——見第14版〉顯示九一一恐攻的嚴重性，連國防部所在的五角大廈遭到大規模攻擊都變得很次要，排到第十四版去了。這種嚴重性，幾乎是每個人都認同的，毫無爭議。

在《洋蔥報》九一一頭版那刊發行的隔天，《連線》雜誌（Wired）發布了一篇文章，總結道：「那些諷刺文並未給人麻木不仁的感覺，而是陳述了一個痛苦的事實：問題很複雜，危險很真實，未來不確定。」

雖然你可能不會在推特上發文開雇主的玩笑，不會開發一些對抗「性別歧視」的產品，也不會在國家發生悲劇後創作一些笑話來幫大家抒壓，但前述這些原則可以提供一套架構，讓你更了解你展現的幽默，以及受眾用來衡量幽默適切度的基準。這不是一套固定不變的公式，幽默的灰色地帶令人困惑、錯綜複雜，而且會不斷

變化。所以，當你想要發揮幽默感時，最好牢記下列這
幾點。

- **檢視事實**：如果你從事實中移除幽默的元素，那會
  變成什麼樣子？移除幽默的元素後，還適合在那個
  場合與受眾分享嗎？

- **考慮痛苦與距離**：痛苦有多強烈？距離夠遠嗎？還
  是依然太近，不堪回首？我和當事人或團體夠熟稔
  嗎？或者我對那個痛苦有足夠的個人經驗，讓我有
  足夠的信心拿它來開玩笑嗎？

- **識相一點**：識相不只是為了了解什麼話題可以讓受
  眾發笑，也是為了了解那給大家的感受。大家有心
  情聽你開玩笑嗎？是否需要考慮到文化差異或其他
  情況？

幽默失敗的生命週期

　　湯瑪斯是一家小型數位媒體公司的執行長，公司的
全職員工約三十人，其中有個問題員工，這裡姑且稱她
為「賈姬」吧。每一個和賈姬同組的員工都明確地讓湯
瑪斯知道，賈姬表現欠佳。她每天遲到早退，趕不上截
止日期，對重要的任務置之不理。不僅如此，團隊也認
為賈姬的行為破壞了團隊文化。她對團隊成員講話時，
語氣很不客氣。有人說她是導致團隊趕不上最後期限的

禍首時，她又惱羞成怒。湯瑪斯連續幾個月給了賈姬具體可行的意見回饋，讓她有機會改進。但她顯然毫無改善時，湯瑪斯只好做出棘手的決定，將她開除。

「每個人都知道這遲早會發生，但那依然是很艱難的決定。我們的團隊很小，所以每個人都熟悉且關心每位夥伴。」因此，雖然把賈姬開除，確實讓大家鬆了一口氣，但這個改變也帶來了一些悲傷與壓力。

團隊擔心他們現在必須承接賈姬的工作量（目前還沒有立刻找人來遞補的計畫）；更重要的是，儘管多數人知道賈姬遭到開除的原因，但那就像任何小公司的解雇案例一樣，總是會讓其他人擔心自己是否也工作不保。

賈姬遭到解雇後，團隊的第一場大型會議，本來是由賈姬主持的，所以她的缺席變得更加明顯。湯瑪斯為了緩和現場的緊繃氣氛，一開場就先開了一個玩笑：「賈姬，開始主持吧。」他才剛講完，就意識到自己說錯話了，因為現場的氣氛很尷尬。

有些人尷尬地笑了幾聲後，全場靜默下來。接著，一位勇敢的員工站起來說：「我覺得那不好笑。」

湯瑪斯講了一個難笑的笑話，他自己馬上就意識到了。

湯瑪斯後來回憶道：「對我來說，那是一次學習。」他學到，面對房間裡的緊張氣氛，更有效的因應方法是開誠布公地談論發生了什麼，詢問每個人的感受，並想辦法減輕團隊的焦慮。但錯誤已經造成了，現在要再回頭做前述那些事情，為時已晚。

所以，湯瑪斯迅速果斷地導正那個不恰當的玩笑，

整理一下思緒，接著說：「你說的沒錯，我很抱歉。」湯瑪斯坦言，他開玩笑是為了抒解現場的緊張氣氛，但那畢竟不是恰當的時機，也不是恰當的作法。他的道歉真誠又迅速。

結果，員工反應如何呢？有人立刻說：「沒關係，你願意的話，可以重來一次。」房間裡的其他成員，也點頭表示同意。

於是，他重新開場。

這次，會議一開場，他先真誠地表示賈姬確實離開了，並從工作量的角度說明大家可能受到的影響，也表達他對每位團隊成員的感謝。他請每位成員提出各自關切的問題，並以坦率又有同理心的方式，回應每個人關切的問題。等時機恰當時，他便結束這段開場，開始討論會議原先預設的議程。

在幽默失敗後，補救流程分三步驟：第一是承認自己錯了，第二是判斷哪裡出錯，第三是改正。下列是湯瑪斯的補救方法。

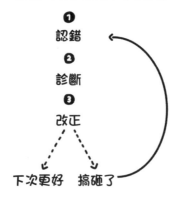

幽默失敗的生命週期

❶
認錯
❷
診斷
❸
改正

下次更好　搞砸了

第一步：認錯

　　湯瑪斯才華橫溢，是大家公認的卓越高管，不是那種容易在公開場合出錯的人。然而，即使立意良善，他自以為幽默的玩笑還是失敗了。為什麼那麼多聰明、經驗豐富、立意良善的人，也會搞砸了呢？

　　位階越高的人，越難辨識訊息的適切度。這主要有三個原因：

1. 適切度的界線不斷變化

　　適切度是一個不斷改變的目標，這點不僅適用於每個職涯不斷升遷的個體，也適用於不斷發展的社會中的每位成員。

　　就社會層面來說，幽默就像測試文化適切度的石蕊試紙，通常是藉由衝撞那些界線來測試。相較於二三十年前，甚至是十年前或五年前，那些界線已經大不相同。看一集《六人行》或《威爾與格蕾絲》（*Will & Grace*）（或你十年前最愛的影集），就能親身體會這點：以前我們記得很有趣、單純、笑鬧的幽默，如今可能給人一種白目感，帶有些許種族、性別、性取向、文化的刻板印象（這裡只舉其中幾種糟糕的例子）。

　　就個人層面來說，顯然不是所有餐桌上的玩笑，都適合在辦公室出現。身為人類，我們很擅長切換情境，看場合說話。但比較不明顯的是，適切度如何隨著權力而變——也就是說，你當中階經理時所開的玩笑，在你升任執行長時，可能已經不恰當了。我們在一次又一次

的訪問中發現，領導者難以在幽默與地位之間拿捏恰當的分寸。

為什麼這種陷阱如此普遍，尤其領導者特別容易身陷其中？

2. 隨著你的地位升遷，某些對象會變成開玩笑的禁忌

當你「向上吐槽」（punch up）時——亦即嘲諷位階比你高的人——你可能顯得很勇敢、有自信。但是，當你「向下吐槽」（punch down）時——亦即取笑位階較低的人——你可能看起來像個混蛋或霸凌者。

前推特資深產品總監艾波·安德伍說：「我在Google和Twitter工作時，幾乎都是向上吐槽。」她在這些公司工作一段時間後，轉任Slack的產品長。她說，在職涯的早期，她的幽默比較大膽無禮，有時會巧妙地指出大家避而不談的明顯問題。吐槽團隊中比較資深的成員，讓她顯得更有自信，也幫助她大幅提升了地位。「大多時候，身為房間裡比較資淺的人，我的幽默感讓我以一種輕鬆的方式與同事吵嘴，讓房間裡的領導者變得更人性化，也象徵我獲得他們的『許可』，可以用一種有益的方式說出真相。」

但是在Slack，安德伍是直接向執行長負責，管理多達一百人的團隊，幾乎沒有地方「向上吐槽」。她說：「我很快就發現到，同樣的幽默感無法培養信任，甚至可能讓那些對我或我的角色感到畏懼的員工覺得我很可怕。我覺得，我失去了一項幫助我晉升到高位的重要工具。我必須搞清楚，當我身為房間裡的老闆時，幽默應

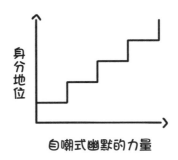

不同種類的
企業晉升

身分地位

自嘲式幽默的力量

該是什麼樣子,目前我仍在摸索中。」

「管理高層的幽默」通常是採取自嘲的形式,因為當你的位階越高,你嘲諷任何人都很可能被視為「向下吐槽」。

此外,自嘲是領導者顯示擁有足夠的自信來取笑自身缺點的方法。所以,對領導者來說,自嘲不僅展現出謙卑、顯得更平易近人,[1]也可以提升地位與權力。

(注意:相反地,地位較低的人自嘲時,可能進一步壓低別人對他的觀感,[2]因為別人比較可能把他的說法解讀成不安全感。所以,經驗法則是:隨著地位的晉升,少嘲笑別人,多嘲笑自己。)

3. 你獲得的地位與權力越多,越難拿捏分寸

我們習慣以別人的笑聲來衡量我們的幽默是否成功與恰當,但是當我們獲得權力與權威後,這種量表就失準了,因為笑與社會階級是密不可分的。

以下列笑話為例：

> 烤箱裡烤著兩個馬芬，其中一個馬芬大叫：「哇，這裡好熱！」另一個馬芬回應：「天啊！那個馬芬會說話！」

佛羅里達州立大學的社會心理學家泰勒‧史蒂爾曼（Tyler Stillman）、羅伊‧鮑梅斯特（Roy Baumeister）、納森‧德沃爾（Nathan DeWall），對兩組參試者講了這個典型的冷笑話。他們先讓一組覺得自己的地位高於研究人員，再讓另一組覺得自己的地位低於研究人員。研究顯示，研究人員對那些覺得自己地位比較低下的參試者講這個笑話時，比較容易引起他們發笑。[3]

當然，迎合老闆顯然是一種策略性的行動，也是人類的生存之道。但是，身為社群動物，我們之所以發笑，不僅是為了阿諛奉承，也是一種與生俱來的本能。我們之所以知道這點，是因為上述研究的研究人員對另一組參試者做同樣的實驗，但這次在實驗中，參試者是看預錄的影片，從影片中聽到笑話，所以參試者知道講笑話的人看不到或聽不到他們的反應。研究結果顯示，覺得講笑話的人地位較高的參試者，[4]也是比較可能笑出來，即使講笑話的人根本無法得知誰笑了、誰沒笑。

簡言之，當你是以高層的身分講笑話時，大家的笑聲通常不是對笑話本身的反應，而是對地位與階級的反應。也就是說，也許你真的很有趣，但也許大家發笑，只是因為你是老闆。[*]誠如史蒂夫‧里爾登（Steve

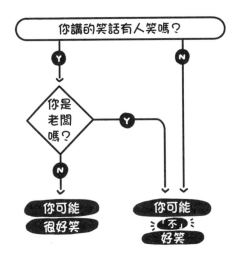

Reardon）所言：「身為執行長，讓我看清了一個真相：不管你講什麼愚蠢的垃圾話，都有人哈哈大笑。」這導致領導者很難準確判斷他們的幽默所產生的影響力。

以湯瑪斯的例子來說，他講完笑話後，現場一片死寂是幽默失敗的第一個明顯訊號（第二個訊號是有人當面告訴他不好笑）。他很幸運，因為他的組織規模還很小，比較沒有階級，所以即使他的笑話一開始引起一些緊張的笑聲，大家很快就克服了地位差異，提出真誠的回應。

遺憾的是，我們不見得都能獲得如此明確的訊號。同樣地，在缺乏外部資料下，我們也很難意識到自己少

＊作者注：廣告插播：一位女士在公司的節慶派對上結束了敬酒。當酒吧裡充滿笑聲時，她轉向攝影鏡頭，以慢動作眨了眨眼，接著響起大家熟悉的廣告台詞：「也許她先天幽默十足，也許她只是老闆。」——向媚比琳（Maybelline）致敬。

一根筋，完全沒注意到自己的幽默已經逾越了分界。如果你得不到準確的回應，你要如何修正自己呢？

我們問脫口秀主持人賽斯・梅爾（Seth Meyers），他會給我們的學生什麼最重要的建議？他說，他會建議大家精進自己在這方面的辨識力。他告訴我們：「我很擅長分辨我真正發笑與禮貌性發笑的差異。你越擅長分辨自己為何發笑，也會更擅長分辨別人為何發笑。」

總之，有些方法可以幫助我們辨識幽默失敗：別人說了一些話，讓你意識到自己的笑話不好笑；大家都沒笑，你因此知道自己的笑話不好笑；大家都笑了，但你有自知之明，知道大家之所以發笑，是因為你的地位較高。這裡需要學習的重點是：知道當下涉及的地位高低，不要覺得有人笑就是真的好笑。

第二步：診斷

所以你真的搞砸了，那現在該怎麼辦？這裡值得花點時間搞清楚，為什麼這種幽默會失敗。

以湯瑪斯的例子來說，問題是雙重的。首先，他不懂得看場合。他誤判了那是不是適合開玩笑的時刻，也誤判了那個笑話給人的感受。也就是說，他不僅幽默失敗，也欠缺同理心。如果他花點時間注意同事的情緒狀態，可能會發現當下沒人有心情嘲諷賈姬離職這件事。

再者，他是「向下吐槽」，對地位較低的人開玩笑。由於幽默與地位之間有敏感的關係，「向下吐槽」是每個人都需要注意的事情，尤其領導者更需要特別小心。

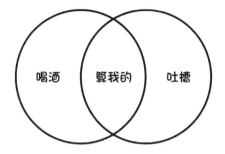

老闆該謹守的
不成文規定

喝酒　算我的　吐槽

當然，像湯瑪斯那樣，誤判開玩笑的對象或地位結構，絕對不是幽默失敗的唯一原因。其他需要注意的常見錯誤包括：

- **知道你不能開哪些玩笑。** 就像有些學生問到「女用版毀滅人性卡」是不是女性寫的一樣，有些笑話只適合那些受到痛苦與距離影響最大的人來講。2016年，《梅爾深夜秀》增添了一個簡單但意義深遠的單元，名為「梅爾不能說的笑話」。在那個單元中，梅爾是坐在兩位傑出的編劇之間，一開場是這樣演的：安柏・陸芬（Amber Ruffin）說：「我是黑人！」珍妮・海格（Jenny Hagel）說：「我是同性戀！」陸芬說：「我們都是女人！」梅爾說：「……我不是！」接著，陸芬與海格開始搞笑，誠如梅爾所言：「那些都是我不適合講的笑話，因為我是白人異性戀男性。」跟身分有關的玩笑，風險本來就很高，所以依循推廣說故事的 The Moth 為他們的

storyslam活動*設定的第一準則才是明智之舉：不要把別人的身分拿來當哏、劇情關鍵或笑點。**簡言之：你的幽默之所以失敗，可能是因為你的身分本來就不適合開那個玩笑。**

- **注意你使用的媒體。**面對面交流與發文字訊息給人的感覺不一樣，雖然這是顯而易見的道理，但多數人在切換媒體方面，不像自以為的那麼靈活周到。賈斯汀・克魯格（Justin Kruger）、尼古拉斯・艾普利（Nicholas Epley）、傑森・派克（Jason Parker）、吳志文（Zhi-Wen Ng）做過一項實驗，他們要求參試者發一封電郵，目的是喚起對方的某種情緒。接著，他們請發信者評估，他們多有自信那封信可讓收信者精確解讀出那種情緒。[5]結果令人意外，他們發現發信者通常過於自信，以為收信者會理解自己的嘲諷。**簡言之：你的幽默之所以失敗，可能是因為你使用的媒體並未傳達你的本意。**

- **切換語境。**幽默顯然視語境而定，在家裡覺得好笑的笑話，不見得適合在公司的會議上講。在職場上，幽默最好像《復仇者聯盟》（*The Avengers*）、《野蠻遊戲》（*Jumanji*）、《魔鬼孩子王》（*Kindergarten Cop*）等電影那樣，維持「輔導級」（PG-13）。在職場上，

＊作者注：storyslam（slam有「猛擊」的意思）與WWE（美國職業摔角）活動無關，比較像即席講故事。但如果在WWE的熱門時段，職業摔角好手布洛克・雷斯納（Brock Lesnar）拿出一本書，為觀眾講述一個關於愛、失落與下背部肌肉的動人故事，那應該很妙。

除非阿諾・史瓦辛格會在一群五歲孩童的面前開那個玩笑，否則就不要講。**簡言之：你的幽默之所以失敗，可能是因為你沒有正確切換語境。**

- 避免落入個人的幽默風格陷阱。在第一章中，我們探討了四種廣泛的幽默類型。如果你比較激進、覺得嘲諷有助於拉近彼此的距離，但那種玩笑可能會傷害或冒犯對方。如果你比較有親和力，也許你（像湯瑪斯一樣）發揮幽默是為了讓當下的氣氛變得更輕鬆，只是你用錯了時機。**簡言之：你的幽默之所以失敗，可能是因為你掉進了個人風格的陷阱。**

無論我們的幽默失敗是因為不懂得看場合、向下吐槽、自嘲失當，或是犯了前述其他錯誤，犯錯在所難免。那個錯誤令人不快嗎？沒錯。但是，話已經說出去了，覆水難收，你唯一能做的就是記取教訓，設法改正。

第三步：改正

關於幽默失敗後該怎麼做，DoSomething.org的前執行長南希・盧布林（Nancy Lublin）提出了一項很睿智的建議：一旦逾越分界，趕快「洗白」。

這個比喻是源自盧布林多年前的親身經歷，那次教訓讓她銘記至今。那是她在DoSomething.org任職最後一天的前一晚，盧布林想要公開展現她對員工的感謝。她製作了大型的噴漆模板，上面有「感謝你出色的表現」、「這是領導該有的樣子」之類的話。接著，她和團

隊幾名成員開車到布魯克林、皇后區、曼哈頓各地，在幾位同事的住家門口停下來，用噴漆把那些短語噴在人行道上，並畫上箭頭，指向每個員工的住家。她的目的是想表達感激與讚賞，但並未充分考慮到後果。

盧布林覺得這只是一種輕鬆的玩笑，但一位員工（麥可）被這種突如其來的玩笑搞得不知所措。他的房東對自己的房產非常在意，並以維護良好而自豪。而且，房東就住在那棟樓的樓上，麥可想在房東發現噴漆之前，趕快買東西來清除盧布林幹的好事。盧布林得知了以後，覺得尷尬極了，不斷地向麥可道歉，並且馬上採取補救行動。她在布魯克林找到一位有高壓清洗機，而且可以馬上去清洗人行道的師傅。她也聯繫了其他員工，問他們有沒有需要清除那些噴漆？那位清潔師傅已經很習慣清理路上的塗鴉，當他抵達麥可的住處，看到他被請來清除的塗鴉時，不禁哈哈大笑，因此只收了盧布林半價。他說，他從未清洗過「告白塗鴉」。當天，那些噴漆都清除了。盧布林不僅口頭道歉而已，也以行動道歉。多年後，當她回想起這件往事時，覺得自己的一時衝動為她上了重要的一課。

當幽默失敗或冒犯他人時，我們很容易把它視為對方的問題，例如：「他不夠幽默」或「她太敏感了！」，而不是停下來反省那可能是我們自己的問題。遇到這種情況時，我們應該相信對方的反應，了解並承認錯誤，反思自己的盲點並加以改正。不要只是道歉，還要「洗白」。

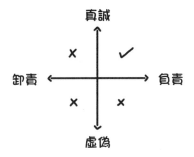

如何為爛玩笑
道歉及彌補

超能力的風險：結語

如果你跟我們一樣，相信幽默是一種超能力，我們會勸你謹記每部漫威電影教我們的道理：強大的力量可以拿來做好事，也很容易拿來做壞事。

我們並不是在暗示你可能有壞心眼。當然，沒人一早醒來就說：「作惡的時候到了！」——可能只有末日博士（Mr. Doom）例外。

我們要說的是，值得注意的是：承認失敗的幽默並加以改正很重要，但承認貶損、失當的幽默也很重要——不僅對你個人來說是如此，對整個社會來說也是如此。

涉及種族歧視、性別歧視、其他偏見的幽默，無論是在職場上或任何地方，顯然都是冷酷無情、冒犯無禮、絕對失當的。然而，多數人都有幽默逾越分界的經驗——有人會為自己的低俗言論辯解：「只是開開玩

笑嘛」，或「我當然不是真的那麼想的。」雖然不去追究、讓事情就這樣過去，可能感覺比較輕鬆自在，但是放任這種事情發生、沉默不語，其實很危險。

研究顯示，光是接觸這種貶損身分的輕蔑玩笑，就有可能讓那些本來就容易開這種玩笑的人持續抱持偏見。

羅賓‧馬利特（Robyn Mallett）、湯瑪斯‧福特（Thomas Ford）、朱莉‧伍德奇卡（Julie Woodzicka）做了一項研究。他們找來一群男性，那群男性在之前的測試中，被發現有性別歧視的觀點。* 他們對其中一些男性，講了好幾個中性的笑話，對另一些男性講性別歧視的笑話。** 那些聽到性別歧視笑話的人，對職場的性騷擾比較寬容；當研究人員要求他們想像自己騷擾女性後，他們的後悔度也比較低。[6] 福特、克利斯蒂‧博克瑟（Christie Boxer）、雅各‧阿姆斯壯（Jacob Armstrong）、潔西卡‧艾德爾（Jessica Edel）做了一項類似的研究，他們找來一群有性別歧視的男性，讓其中一半看有性別歧視的喜劇，讓另一半看無性別歧視的喜劇。結果發現，看性別歧視喜劇的男性建議削減校內女性社團補助金的幅度，大於削減其他社團補助金的幅度。[7] 當貶損玩笑把

---

* 作者注：這可能是這本書中最不好笑的注解，請容我們詳細說明。這些男性在「矛盾性別歧視問卷」（Ambivalent Sexism Inventory）的「敵意性別歧視」測試中得分很高。這表示，他們認同類似下列的敘述：「如果女性更支持男性、少批評男性，世界會變得更好」；「妻子的事業成就不該超越丈夫太多」；「很多女性喜歡對男性展現欲擒故縱的行為，並從中獲得樂趣。」

** 作者注：例如：「一男一女被困在電梯裡，他們知道自己不可能活著脫身。女人轉向男人說：『讓我在死前感覺自己像個女人。』於是，那個男人脫下衣服說：『把衣服摺好！』」嗯，我們知道你在想什麼。

焦點放在種族、性取向和其他身分上時，也出現類似的現象。

　　簡言之，貶損性的幽默，不只逾越分界或突顯分歧而已，也會使原本就有偏見的人持久地抱持偏見、影響行為，並進一步造成分裂。

　　此時，你可能會問：那「女用版毀滅人性卡」的廣告呢？那完全是性別歧視啊。或者，《洋蔥報》在九一一專刊上，有一篇文章的標題是〈劫機者錯愕發現自己死後下了地獄〉，那也是基於對伊斯蘭信仰的誤解。難道那些玩笑也是在搞分裂嗎？還是他們是利用幽默來突顯某些刻板印象的荒謬？

　　界線的劃分不見得都很明確。歸根結底，分界不是只由講笑話的人決定的，也要看觀眾及他們發笑的原因而定。換句話說，大家之所以發笑，究竟是因為笑點顯而易見，刻意突顯笑點的荒謬之處（亦即真相與笑話互相矛盾）？還是因為他們覺得那些刻板印象反映了真實現況？

　　這種緊張關係中充滿了風險，這種風險是來自喜劇演員莎拉・席爾蔓（Sarah Silverman）所謂的「血盆大笑」（"mouthful-of-blood" laugh），或是《洋蔥報》創辦人史考特・迪克斯（Scott Dikkers）所謂的「地獄哏」：觀眾席中有人放聲大笑，覺得你的低俗笑話不是在批評或評論某種討厭的誹謗或刻板印象，而是認同或支持那種惡形惡狀。這是一種可能引起強烈反彈的真實風險，這也是為什麼謹記 The Moth 為 storyslam 活動所訂的第一

準則那麼重要：不要把別人的身分拿來當哏、劇情關鍵或笑點。

當然，這絕對不是說我們應該因噎廢食，為了避免後果而不敢發揮幽默感——正好相反，我們希望你已經從前面幾章了解到幽默的深遠威力。我們只是主張，我們有責任謹慎地因應這些灰色地帶，隨著文化與個人地位的轉變，隨時注意該有的分寸，並且適時承認與改正錯誤，了解自己的幽默可能產生的影響——尤其把幽默當成揭露社會不公的工具時，更要特別小心。套用暢銷作家拉薇・艾賈伊（Luvvie Ajayi，她以「專業搗亂者」自居）的說法：「我們必須習慣在必要時，說出令人不安的棘手事實。」當你聽到逾越分界的玩笑時，應該勇於投入那些令人不安的對話，努力爭取共鳴、提升意識，促成改變。

總之，幽默越強，責任越大。

這股超能力，應該用在良善的地方。

為什麼
幽默是人生

的祕密武器

「幽默感是
必要的盔甲。
內心的喜悅與
嘴裡傳出的笑聲，
顯示一個人
深諳生活的樂趣。」

——休・賽迪（Hugh Sidey），白宮記者

你已經來到這本書的尾聲。現在，你知道如何在職場上挹注幽默與輕鬆的元素，以及為什麼這樣做很重要。但問題是，每天下班後，你回歸充實、美好又複雜的生活，接下來該怎麼做呢？

過去二十年來，珍妮佛致力於研究影響人類幸福的因素：我們如何在生活中創造意義，意義與幸福有什麼不同，我們如何設計美好的生活？

那些研究大多是死亡的悔恨所帶來的靈感。她很早就對死亡產生興趣，因為她的母親在安寧照護機構擔任志工近四十年，她從小就常在飯桌邊聽母親描述病患的故事，以及他們臨終前的願望。*

聽母親講述那些人的臨終願望時，珍妮佛開始注意到那些願望有幾個常見的主題：勇氣、真實、活在當下、歡樂與愛。

過去六年我們攜手研究時，發現幽默與輕鬆是實現這些願望、從而促成幸福人生的有效工具。

請別誤解我們的意思：我們當然希望你變成事業有成的商業鉅子，也關心你的獲利，甚至連你的營收也很關心。** 但我們更關心你整個人，更關心你有沒有機會運用本書的概念，過更好、更充實的生活，讓你臨終時毫無遺憾或至少減少遺憾。

所以，最後我們把研究的兩大領域結合起來，這兩

---

* 作者注：珍妮佛說：「我們是超級有趣的家庭。」
** 作者注：也沒那麼誇張啦。

大領域雖然不同，但密切相關：輕鬆元素與美好生活。**勇氣、真實、活在當下、歡樂與愛，在這兩個領域都會蓬勃發展。**

勇氣：「我希望我這輩子過得更大膽無畏。」

恐懼阻止我們做出界定人生的大膽選擇。為了更勇敢地生活，我們必須克服恐懼，這就是幽默派上用場的地方。不過，幽默不會讓我們變得更勇敢或大膽無畏，而是會讓我們更坦然接受改變與可能性。幽默讓我們更勇於承擔更大的風險，幫助我們在遭遇挫折後更快振作起來，重振旗鼓、再次嘗試。

> 「我不好笑，我只是比較勇敢。」
> ——露西兒・鮑爾（Lucille Ball），
> 美國知名喜劇演員

真實：「我希望這輩子忠於自我。」

符合或超越他人的期望，可能是令人沉醉的自豪來源。但是，當我們把太多的精力用來達成某個結果，或呈現出特定版本的自己時，我們也在過程中失去了自我的根基。幽默讓我們分享部分的自己，那部分可能是冒險的、

非傳統的、真實的，藉此把他人的期望轉變為更忠於自我的期望，也讓我們比較不在意那些無關緊要的部分。

> 「別浪費時間試圖改變別人的意見，做你自己，不管別人喜不喜歡。」
> ——蒂娜・費

活在當下：「我希望我能停下來多珍惜當下的時刻。」

幽默是一種選擇，需要你在生活中仔細觀察、傾聽周遭的人，活在當下。我們先天就會回想過去，展望未來。幽默則是提醒我們，每一天都是生活。幽默促使我們在每一刻尋找隱藏的真相，以新的觀點看待人事物。

> 「上一次已經不存在，唯一存在的是這一次，是現在。」
> ——比爾・莫瑞

歡樂：「我希望這輩子多笑一些，別把自己看得那麼重。」

歡樂不是一種快樂的偶然，而是我們刻意做出的選擇，是我們允許自己去尋找及發現的東西。學會更善待自己、放鬆開懷，在一天當中找到愉悅的時刻。當你不把自己看得太重時，笑起來就不費吹灰之力，歡樂也自然隨之而來。

「在合法的範圍內，做一些讓你快樂的事情。」

——艾倫·狄珍妮

愛：「我希望我有機會再說一次：『我愛你。』」

有愛的地方，幽默亦不遠矣。很少微小的行為像分享歡笑一樣簡單大方——這些歡笑的時刻雖然稍縱即逝，卻是愛的表現。歡笑加速了這條通往信任與自我表露的途徑，人際關係也因此變得更深厚。當笑聲穿過緊張與分裂的氣氛建立連結時，幽默與輕鬆也促成了愛。

勇氣、真實、活在當下、歡樂與愛：很難想像比這些目標更有價值的人生追求了。幸好，我們都與幽默緊密相連。這就是為什麼我們堅信，有目的與意義的生活，是充滿歡笑與輕鬆元素的生活。

「根據我的經驗，你只會為你熱愛的東西奉獻自己。如果你愛朋友，就會服務朋友；你愛社群，就會服務社群；你愛錢，就會為錢服務。如果你只愛自己，你只會為自己服務，只會擁有你自己。」

——史蒂芬·柯貝爾

結語

感謝你跟著我們走完這趟深度之旅，也感謝你和我們走完這段關於死亡與美好生活的沉思，尤其是那些原本期待在這本書裡看到一頁又一頁機智雙關語與笑哏的讀者。

切記：無論是工作、還是生活，幽默都是從最細微的心態轉變開始，從行動開始。

所以，開始行動吧！

從日常生活的各個角落，仔細觀察輕鬆的火花（我們保證一定可以找得到）。注意來自另一半、同事或店員發出的歡樂訊號。

當你看到那些小火花時，不要低頭滑手機，而是對那些火花輸送氧氣，讓它燃燒起來，跟著玩樂，把它變成熊熊大火，往外延燒擴大，讓它溫暖同事與周遭的親友，即使是在黑暗的時刻──尤其在那些時刻，你更應該那麼做。

現在，想像一下，如果世界上每個人都抱持著這種心態。想像一下，如果每個人都在尋找這些火花，花更多時間散播歡笑。想像這樣的世界，請讓我們一起創造這樣的世界。

感謝你陪我們走過這段旅程，以後我們就不會後悔沒說出口：「我們愛你。」

後記

與麥可・路易士

Michael Lewis 的對話

麥可：對於這段後記，我覺得你們應該打破後記的形式。

珍妮佛：對，我們討厭形式，應該完全打破形式。你有什麼建議？

麥可：維持簡單扼要，你們可以說：「我們請一個人來談這本書，作為這本書的後記。」因為誰會這樣結束一本書呢？

娜歐米：你真的很瘋狂。好啊，我們就這麼做。在我們開始之前，你還有什麼建議？

（麥可停頓了一下……，指向娜歐米客廳的兩個角落。）

麥可：我會把右邊的那棵植物移到左邊，把左邊那棵移到右邊。

娜歐米：你知道瘋狂的是什麼嗎？我每天晚上睡前都會這麼做，隔天早上醒來，又把它們移回原位。

好，就這麼說定了，我們請麥可來談這本書，作為這本書的後記，因為沒有人這樣做過。下列就是訪談的逐字稿。

珍妮佛：在這本書中，我們談了很多幽默（以及更廣泛的輕鬆元素）在工作與生活中扮演的角色。你覺得，幽默與輕鬆元素，在你的生活中扮演什麼角色？

麥可：我的作法是隨時享受歡樂。在我的生活中，豐富的事情即使很難，大多是充滿樂趣的。我發現，當我覺得生活不大順遂時，通常是樂趣最少的時候。

所以，為了確保我過的是我想要的生活，我的作法是：如果我注意到自己已經好一陣子沒接觸到任何形式的幽默了，我就知道不對勁了。那就好像在森林裡，你突然有一種快被吃掉的感覺，你直覺就知道不對勁了。我會刻意停下來，留意那種狀況，打斷正在發生的一切。

珍妮佛：所以，幽默是你日常生活中的常態嗎？

麥可：沒錯。但問題是，幽默不是自成一類的，會滲透到其他地方，不是只存在你腦中的某個小劇場內。它就像飛機餐裡的鹽，讓一切變得更好。它在任何地方都有一席之地，不是只出現在 PowerPoint 簡報的開場。

我想，買這本書的人大多心想：「我需要搞笑。」但他們也會發現，那不是他們需要的。他們需要的是把一種完全不同的精神導入生活中。也許，他們現在覺得自己錯過了什麼，或是有意或無意間在他們與他人之間築起了一道牆。

這本書可以幫助他們克服那些障礙，拆除那道牆。

娜歐米：你之前跟我們提過，你對幽默這個話題一直很好奇。最初是什麼激起你對幽默的興趣？

麥可：當我聽說你們在研究幽默時，腦中浮現的第一個想法是：那真是一個「樂趣低效」（fun inefficiency）的主

題。這也是我喜歡這個概念的一個原因，因為你們努力推翻一個觀點：幽默是你先天擁有或欠缺的東西。我們直覺認為，幽默是無法傳授的東西，因為幽默感覺是在對話中自然產生的，是先天的，不是後天養成的。我唯一一次覺得那是可以傳授的技能，是我去第二城喜劇團學即興表演的時候。

珍妮佛：什麼因素促使你去第二城喜劇團上課，畢竟你覺得那是無法傳授的技能？

麥可：我女兒現在18歲了，她8歲的時候，實在很讓人受不了，對一切事情都很負面消極。她不願意嘗試新的食物，不管你提議什麼，她幾乎都會回絕。我心想，她的生活與即興表演正好完全相反。我想，如果我可以在她的生活中加入一點「對，而且」，應該可以改善她的情況。所以，我幫她報名了一堂為期兩天的兒童班，我自己則是報名了同時段的成人班。我記得，我上完三小時的課程後，出來吃午餐，渾身是汗，那可能是我這輩子遇過最恐慌的三個小時，實在太難了。但是，我女兒帶著燦爛的笑容走出教室，她說：「實在太好玩！太簡單了！」

　　我心想，這就是孩子與成人的差異。當你被迫即興發揮時，才意識到自己的腦子有多僵化。直到今天，我還會偶爾想起那次的經驗，提醒自己以即興表演的方式來因應這個世界。

娜歐米：我喜歡這個故事的原因之一是，你把焦點放在心態上——以不同的方式遊走這個世界。你曾經做過心理學教授達契爾‧克特納（Dacher Keltner）建議的一個實驗，在每天結束時，寫下三件有趣的事。即使你本來就習慣在生活中尋找樂趣，你說，當你必須寫下有趣的事情時，反而覺得很難。你刻意坐下來尋找某樣東西時，反而好像失去了魔力。你如何調節這兩件事：在不刻意尋找的情況下，從生活中發現更多的幽默？

麥可：對，當我必須寫下來時，那反而變成了一種約束。我寫下來的東西，反而沒那麼好笑了。而且，我覺得那實在很難，到了實驗的最後一天，我甚至請我19歲的女兒幫我列出一串她想到的有趣事情，以便偷拿來用。

　　這有點像這本書給人的感覺，你看完之後會說：「這本書其實不是在談搞笑。」你學會了所有的技巧，現在只需要有效掌握它們，把心態轉向世界，不必太努力，不要太關注結果。只要在這方面稍微改變心態，就可以讓生活其他方面變得更好、更豐富。

　　確實就是這樣沒錯。蒂莫西‧高威（Timothy Gallwey）寫過一本書叫《比賽，從心開始》（*The Inner Game of Tennis*），是1970年代運動心理學的濫觴。用三句話來歸納這本書：這個教網球的人，不再告訴大家如何打網球，他教大家把焦點放在核心肌肉或呼吸上，而不是把網球打得多好上。把焦點放在重要的事情上，比如：如何運用身體，而不是結果。

　　如果「好笑」是一種結果，你太關注那個結果的話，就像你想太多，開始關注球的去向，你就會失去「心流」。你的心一定會鎖定一個焦點，最好不要把心思放在「好笑」上，而是讓好笑自由發揮。

珍妮佛：所以，你的意思是把焦點放在歡樂上，而不是搞笑上。你一直是這麼想的嗎？

麥可：對，我在紐奧良成長，那裡的人就是抱持這種態度。那裡的人認為，好不好笑不重要，重要的是讓人覺得跟你在一起很有趣。有很多方法可以讓人覺得「喔，天啊！跟你在一起真好」，那樣做使我變得更好，也使我的工作變得更好。我常覺得，如果我覺得一本書、播客或劇本沒什麼樂趣可言，觀眾也不會覺得有趣。大家不想過無聊的生活，甚至不想參與無聊的對話，大家都不想冒險。如果你創造了一個沒有理由害怕的環境，大家就會突然放鬆下來。

娜歐米：在生活中，當你覺得毫無樂趣時——比如在森林裡，感覺快被吃掉的時候——你會做什麼？

麥可：當我有那種感覺的時候——覺得，天啊！我已經悶了好一陣子了——我通常會以某種方式製造麻煩。舉個例子，前幾天，我和妻子與孩子正準備坐下來吃飯，我覺得當時的氣氛不大妙，因為孩子正在爭吵。剛好，這段時間，我一直在上聲樂課。我不唱歌，我只是去上

課，那個課程包括聲音訓練，他們會教你用一些非常瘋狂的方法來拓寬你的音域。所以，那天在餐桌邊孩子爭吵時，我乾脆開始唱歌，大聲地唱，做那些瘋狂的聲樂練習。他們聽到我那樣做時有點被嚇到，但立刻知道我在做什麼，並且停止爭吵。這招太奇怪了，但很有效。

　　運用幽默就像生火一樣。一開始，你是在又冷又暗的地方，你想把那個地方變暖，把氣氛變得更輕鬆，所以你製造一點麻煩。只要那點麻煩背後還有愛，大家就會覺得有趣。

　　當你習慣讓生活充滿樂趣，覺得那才是生活的常態之後，就會注意到生活缺乏樂趣的時刻。我努力讓生活充滿樂趣很久了，所以我無法忍受毫無樂趣的生活。反過來說也是如此，如果你習慣毫無樂趣的生活，你甚至不會注意到你的生活毫無樂趣可言，因為你已經習慣了。

珍妮佛：在我們結束這次訪談之前，還有最後一件事。在書的最後，我們探討了愛與幽默的關係，我們說分享歡笑，也是一種展現愛的方式。你的生活也是如此嗎？拜託你說是。
〔把一百美元的紙鈔推到麥可面前〕

麥可：是。

　　一般來說，情感是幽默的來源，無論是愛、是恨，還是悲傷。情感促使你去注意某件事，但愛特別容易創造出情感飽滿的空間。

　　去年夏天，有人請我在一場葬禮上致悼詞。我從來沒做過這種事，所以我請教了一位很有經驗的朋友，請他給我建議。他說：「只要保持簡單就好。」在那種情況下，簡單的話語最深植人心。當你講得很簡單、很真誠時，每個人的情感會變得更濃烈。

　　所以，在追思會上，我說我愛那個朋友，我解釋我為什麼愛他，講了我們的故事，中間穿插了一點幽默，以免氣氛太沉重。我注意到，這樣一講，一切都比實際情況有趣了十倍，因為大家已經沉浸在那個情感飽滿的空間裡。

　　所以，我想說的是，只要有愛，幽默亦不遠矣。

（還有喔！）

幽默風格

小測驗

下列問題可以幫助你迅速判斷你最接近哪種幽默風格。想做完整的幽默風格測驗，進一步了解你與他人的幽默風格，請上 humorseriously.com。

步驟 1

請閱讀下列敘述，給予 1 到 5 分，1 ＝「非常不同意」，5 ＝「非常同意」。

1. ＿＿＿ 我的幽默感令人振奮且健康；我很樂於開懷大笑。

2. ＿＿＿ 發揮幽默感時，我經常面帶微笑或笑著表達。

3. ＿＿＿ 別人說我的幽默很生動，有時很搞笑。

4. ＿＿＿ 我的幽默感是暗黑尖銳的，我是冷面笑匠，不輕易發笑。

5. ＿＿＿ 我習慣一本正經地展現幽默。

6. ＿＿＿ 大家說我的幽默是犀利、諷刺的，是一種後天的品味，內行人才懂。

7. ＿＿＿ 我喜歡在開玩笑時，成為大家關注的焦點。當我即興發揮時，充滿了自信。

8. ＿＿＿ 我的幽默是大膽、無禮、嗆辣的。為了讓大家哈哈大笑，我不怕得罪人。

9. ＿＿＿ 我臉皮很厚，不怕別人拿我開玩笑，也不介意成為笑柄。

10. ＿＿ 我喜歡在展現幽默之前先想好段子。我對大家的關注不感興趣。

11. ＿＿ 我的幽默很低調。我在展現幽默以前，會仔細思考那些話會給人什麼感覺。

12. ＿＿ 我覺得不值得冒著傷害感情的風險去挖苦別人、惡作劇或嘲諷別人。

步驟2

按照下列的方式加總分數，接著圈出最高的分數。得分越高，越有可能展現出對應的幽默風格特徵。

你的得分　　　　　　　　　**風格**

第1～3題的總分：＿＿＿＿＿＿　磁鐵

第4～6題的總分：＿＿＿＿＿＿　狙擊手

第7～9題的總分：＿＿＿＿＿＿　單口相聲

第10～12題的總分：＿＿＿＿＿　甜心

注釋

第1章 幽默懸崖

1. 在這個深淵的底部，166個國家140萬名受訪者中的多數人也加入我們的行列。這項蓋洛普民調顯示，我們每天大笑或微笑的頻率在23歲左右開始驟降。

2. P. Gerloff, "Why You Need to Laugh Like a 5-Year-Old," *Huffpost*, June 22, 2011, https://www.huffpost.com/entry/laughter-andhealth_b_881210.

3. Hodge-Cronin & Associates, 1986, "Humor in Business: A Survey."

4. D. Sturt and T. Nordstrum, "10 Shocking Workplace Stats You Need to Know," *Forbes*, March 8, 2018, https://www.forbes.com/sites/davidsturt/2018/03/08/10-shocking-workplace-stats-you-need-to-know/#76e360b2f3af.

5. C. Hoption, J. Barling, and N. Turner, "'It's Not You, It's Me': Transformational Leadership and Self-Deprecating Humor," *Leadership & Organization Development Journal* 34(1), 2013, 4–19, doi: 10.1108/01437731311289947.

6. N. Lehmann-Willenbrock and J. A. Allen, "How Fun Are Your Meetings? Investigating the Relationship Between Humor Patterns in Team Interactions and Team Performance," *Journal of Applied Psychology* 99(6), 2014, 1278.

7. T. B. Bitterly, A. W. Brooks, and M. E. Schweitzer, "Risky Business: When Humor Increases and Decreases Status," *Journal of Personality and Social Psychology* 112(3), 2017, 431–55.

8. W. H. Decker, "Managerial Humor and Subordinate Satisfaction," *Social Behavior and Personality* 15(2), 1987, 225–32.

9. C. S. Dweck, *Mindset: The New Psychology of Success* (New York: Random House, 2006).

10. R. Martin, P. Puhlik-Doris, G. Larsen, J. Gray, K. Weir. "Individual Differences in Uses of Humor and Their Relation to Psychological Well-Being: Development of the Humor Styles Questionnaire." *Journal of Research in Personality*. 37(1), 2003, 48–75.

第2章 大腦的幽默運作

1. J. Yim, "Therapeutic Benefits of Laughter in Mental Health: A Theoretical Review," *Tohoku Journal of Experimental Medicine* 239(3), 2016, 243-49.

2. S. J. Nasr, "No Laughing Matter: Laughter Is Good Psychiatric Medicine," *Current Psychiatry* 12(8), 2013, 20-25.

3. T. B. Bitterly, A. W. Brooks, and M. E. Schweitzer, "Risky Business: When Humor Increases and Decreases Status," *Journal of Personality and Social Psychology*, 112(3), 2017, 431-55.

4. D. P. Howrigan, K. B. MacDonald, "Humor as a Mental Fitness Indicator," *Evolutionary Psychology* 6(4), 2008, 147470490800600411.

5. K. O'Quin, J. Aronoff, "Humor as a Technique of Social Influence," *Social Psychology Quarterly* (1981): 349-57.

6. T. R. Kurtzberg, C. E. Naquin, and L. Y. Belkin, "Humor as a Relationship-Building Tool in Online Negotiations," *International Journal of Conflict Management* 2009.

7. "Public Knowledge of Current Affairs Little Changed by News and Information Revolutions," Pew Research Center, April 15, 2007.

8. G. S. Bains, L. S. Berk, N. Daher, E. Lohman, E. Schwab, J. Petrofsky, and P. Deshpande, "The Effect of Humor on Short-Term Memory in Older Adults: A New Component for Whole-Person Wellness," *Advances in Mind-Body Medicine* 28(2), 2014, 16-24.

9. A. Ziv, "Teaching and Learning with Humor: Experiment and Replication," *Journal of Experimental Education* 57(1), 1988, 4-15.

10. "The State of the Union," *In Your Words*, NPR, January 25, 2011.

11. A. W. Gray, B. Parkinson, and R. I. Dunbar, "Laughter's Influence on the Intimacy of Self-Disclosure," *Human Nature* 26(1), 2015, 28-43.

12. D. G. Bazzini, E. R. Stack, P. D. Martincin, and C. P. Davis, "The Effect of Reminiscing About Laughter on Relationship Satisfaction," *Motivation and Emotion* 31(1), 2007, 25-34.

13. T. P. German and M. A. Defeyter, "Immunity to Functional Fixedness in Young Children," *Psychonomic Bulletin & Review* 7(4), 2000, 707-12.

14. A. M. Isen, K. A. Daubman, and G. P. Nowicki, "Positive Affect Facilitates Creative Problem Solving," *Journal of Personality and Social Psychology* 52(6), 1987, 1122.

15. O. Amir and I. Biederman, "The Neural Correlates of Humor Creativity," *Frontiers in Human Neuroscience* 10, 2016, 597.

16. B. M. Kudrowitz, "Haha and aha!: Creativity, Idea Generation, Improvisational Humor, and Product Design," Massachusetts Institute of Technology PhD dissertation 2010.

17. A. Edmondson, "Psychological Safety and Learning Behavior in Work Teams," *Administrative Science Quarterly* 44(2), 1999, 350-83.

18. L. S. Berk, S. A. Tan, and D. Berk, "Cortisol and Catecholamine Stress Hormone Decrease Is Associated with the Behavior of Perceptual Anticipation of Mirthful Laughter," 2008.

19. B. K. Lee, T. A. Glass, M. J. McAtee, G. S. Wand, K. Bandeen-Roche, K. I. Bolla, and B. S. Schwartz, "Associations of Salivary Cortisol with Cognitive Function in the Baltimore Memory Study," *Archives of General Psychiatry* 64(7), 2007, 810-18.

20. J. Goh, J. Pfeffer, and S. A. Zenios, "The Relationship Between Workplace Stressors and Mortality and Health Costs in the United States," *Management Science* 62(2), 2016, 608-28.

21. D. Keltner and G. A. Bonanno, "A Study of Laughter and Dissociation: Distinct Correlates of Laughter and Smiling During Bereavement," *Journal of Personality and Social Psychology* 73(4), 1997, 687.

22. S. A. Crawford and N. J. Caltabiano, "Promoting Emotional Well-being Through the Use of Humour," *Journal of Positive Psychology* 6(3), 2011, 237-52.

23. M. Miller and W. F. Fry, "The Effect of Mirthful Laughter on the Human Cardiovascular System," *Medical Hypotheses* 73(5), 2009, 636-39.

24. C. Vlachopoulos, P. Xaplanteris, N. Alexopoulos, K. Aznaouridis, C. Vasiliadou, K. Baou, ...and C. Stefanadis, "Divergent Effects of Laughter and Mental Stress on Arterial Stiffness and Central Hemodynamics," *Psychosomatic Medicine* 71(4), 2009, 446-53.

25. M. H. Brutsche, P. Grossman, R. E. Müller, and J. Wiegand, "Impact of Laughter on Air Trapping in Severe Chronic Obstructive Lung Disease," *International Journal of Chronic Obstructive Pulmonary Disease* 3(1), 2008, 185.

26. S. Romundstad, S. Svebak, A. Holen, and J. Holmen, "A 15-Year Follow-up Study of Sense of Humor and Causes of Mortality: The Nord-Trøndelag Health Study," *Psychosomatic Medicine* 78(3), 2016, 345-53.

第3章 搞笑解析

1. J. A. Bargh and T. L. Chartrand, "Studying the Mind in the Middle: A Practical Guide to Priming and Automaticity Research," *Handbook of Research Methods in Social Psychology*, 2000.

2. J. E. Warren, D. A. Sauter, F. Eisner, J. Wiland, M. A. Dresner, R. J. Wise, ...and S. K. Scott, "Positive Emotions Preferentially Engage an Auditory-Motor 'Mirror' System," *Journal of Neuroscience* 26(50), 2006, 13067-75.

第 4 章 發揮幽默感

1. P. Kay and W. Kempton, "What Is the Sapir-Whorf Hypothesis?" *American Anthropologist* 86(1), 1984, 65-79.

2. W. Johnson, "Leading Remotely," *MIT Sloan Management Review*, winter 2020, https://sloanreview.mit.edu/artide/leading-remotely/.

3. M. Chui, J. Manyika, J. Bughin, R. Dobbs, C. Roxburgh, H. Sarrazin, G. Sands, and M. Westergren, "The Social Economy: Unlocking Value and Productivity Through Social Technologies," McKinsey Global Institute, July 2012, https://www.mckinsey.com/industries/technology-media-and-telecommunications/our-insights/the-social-economy.

4. S. Vögele, *Handbook of Direct Mail: The Dialogue Method of Direct Written Sales Communication* (Prentice Hall, 1992).

5. N. Ambady and R. Rosenthal, "Half a Minute: Predicting Teacher Evaluations from Thin Slices of Nonverbal Behavior and Physical Attractiveness," *Journal of Personality and Social Psychology* 64(3), 1993, 431.

6. D. John, *Powershift: Transform Any Situation, Close Any Deal, and Achieve Any Outcome* (Currency, 2020).

7. D. Kahneman, B. L. Fredrickson, C. A. Schreiber, and D. A. Redelmeier, "When More Pain Is Preferred to Less: Adding a Better End," *Psychological Science* 4(6), 1993, 401-405.

第5章 以幽默領導

1. D. Sturt and T Nordstrum, "10 Shocking Workplace Stats You Need to Know," *Forbes*, March 8, 2018, https://www.forbes.com/sites/davidsturt/2018/03/08/10-shocking-workplace-stats-you-need-to-know/#76e360b2f3af.

2. J. Morgan, "Trust in the Workplace: What Happened to It, and How Do We Get It Back?" *Forbes*, September 11, 2014.

3. "Redefining Business Success in a Changing World: CEO Survey," PricewaterhouseCoopers, January 2016, https://www.pwc.com/gx/en/ceo-survey/2016/landing-page/pwc-19th-annual-global-ceo-survey.pdf.

4. L. Rainie, S. Keeter, and A. Perrin, "Trust and Distrust in America," Pew Research Center, July 22, 2019.

5. F. Newport, J. Jones, L. Saad, and J. Carroll, "Americans and Their Pets," Gallup News Service, December 21, 2016.

6. *2016 HOW Report: A Global, Empirical Analysis of How Governance, Culture and Leadership Impact Performance.*

7. 2019 Edelman Trust Barometer Global Report, https://www.edelman.com/sites/g/files/aatuss191/files/2019-02/2019_Edelman_Trust_Barometer_Global_Report.pdf.

8. J. Harter and A. Adkins, "Employees Want a Lot More from Their Managers," *Gallup Workplace*, April 8, 2015.

9. 2019 Retention Report, Work Institute, https://info.workinstitute.com/hubfs/2019%20Retention%20Report/Work%20Institute%202019%20Retention%20Report%20final-1.pdf.

10. Scott D. Anthony, S. Patrick Viguerie, Evan I. Schwartz, and John Van Landeghem, "2018 Corporate Longevity Forecast: Creative Destruction Is Accelerating," Innosight Insights, https://www.innosight.com/insight/creative-destruction/.

11. Dana Bilksy Asher, "The Surprising Link Between Laughter and Learning," *Fast Company*, May 10, 2016.

12. J. Harter and A. Adkins, "Employees Want a Lot More from Their Managers," *Gallup Workplace*, April 8, 2015.

13. C. Hoption, J. Barling, and N. Turner, "'It's Not You, It's Me': Transformational Leadership and Self-Deprecating Humor," *Leadership and Organization Development Journal* 34(1), 2013, 4-19. doi: 10.1108/01437731311289947.

14. "Performance Accelerated: A New Benchmark for Initiating Employee Engagement, Retention and Results," OC Tanner Learning Group, https://www.octanner.com/content/dam/oc-tanner/documents/global-research/White_Paper_Performance_Accelerated.pdf.

第6章 打造幽默的文化

1. N. Lehmann-Willenbrock and J. A. Allen, "How Fun Are Your

Meetings? Investigating the Relationship Between Humor Patterns in Team Interactions and Team Performance," *Journal of Applied Psychology* 99(6), 2014, 1278.

2. S. Oreg and Y. Berson, "The Impact of Top Leaders' Personalities: The Processes Through Which Organizations Become Reflections of Their Leaders," *Current Directions in Psychological Science* 27(4), 2018, 241-48.

3. K. Leonard, *Yes, And: How Improvisation Reverses "No, But" Thinking and Improves Creativity and Collaboration—Lessons from The Second City* (Harper Business, 2015).

4. D. Kahneman, B. L. Fredrickson, C. A. Schreiber, and D. A. Redelmeier, "When More Pain Is Preferred to Less: Adding a Better End," *Psychological Science* 4(6), 1993, 401–405.

5. F. Gino and M. I. Norton, "Why Rituals Work," *Scientific American*, May 14, 2013.

6. J. M. Berg, "The Primal Mark: How the Beginning Shapes the End in the Development of Creative Ideas," *Organizational Behavior and Human Decision Processes* 125(1), 2014, 1-17.

第7章 拿捏幽默的分寸

1. A. Gherini, "What a Self-Deprecating Sense of Humor Says About Your EQ," *Inc.*, November 29, 2018.

2. T. B. Bitterly, A. W. Brooks, and M. E. Schweitzer, "Risky Business: When Humor Increases and Decreases Status," *Journal of Personality and Social Psychology* 112(3), 2017, 431-55.

3. T. F. Stillman, R. F. Baumeister, and C. Nathan DeWall, "What's So Funny About Not Having Money? The Effects of Power on Laughter," *Personality and Social Psychology Bulletin* 33(11), 2007, 1547-58.

4. 同上注。

5. J. Kruger, N. Epley, J. Parker, and Z. W. Ng, "Egocentrism over E-mail: Can We Communicate as Well as We Think?" *Journal of Personality and Social Psychology* 89(6), 2005, 925.

6. R. K. Mallett, T. E. Ford, and J. A. Woodzicka, "What Did He Mean by That? Humor Decreases Attributions of Sexism and Confrontation of Sexist Jokes," *Sex Roles* 75 (5-6), 2016, 272-84.

7. T. E. Ford, C. F. Boxer, J. Armstrong, and J. R. Edel, "More than 'Just a Joke': The Prejudice-Releasing Function of Sexist Humor," *Personality and Social Psychology Bulletin* 34(2), 2008, 159-70.

勇氣、真實、活在當下、歡樂與愛

星出版 財經商管 Biz 023

幽默
面對人生與工作，你最需要的軟實力

Humor, Seriously
Why Humor Is a Secret Weapon in Business and Life
(And How Anyone Can Harness It. Even You.)

作者 —— 珍妮佛·艾克 Jennifer Aaker &
　　　　娜歐米·拜格多納斯 Naomi Bagdonas
譯者 —— 洪慧芳

總編輯 —— 邱慧菁
特約編輯 —— 吳依亭
校對 —— 李蓓蓓
封面完稿 —— 李岱玲
內頁排版 —— 立全電腦印前排版有限公司

出版 —— 星出版／遠足文化事業股份有限公司
發行 —— 遠足文化事業股份有限公司（讀書共和國出版集團）
　　　　231 新北市新店區民權路 108 之 4 號 8 樓
　　　　電話：886-2-2218-1417
　　　　傳真：886-2-8667-1065
　　　　email: service@bookrep.com.tw
　　　　郵撥帳號：19504465 遠足文化事業股份有限公司
　　　　客服專線 0800221029
法律顧問 —— 華洋法律事務所 蘇文生律師
製版廠 —— 中原造像股份有限公司
印刷廠 —— 中原造像股份有限公司
裝訂廠 —— 中原造像股份有限公司
登記證 —— 局版台業字第 2517 號

出版日期 —— 2024 年 05 月 28 日第一版第三次印行
定價 —— 新台幣 450 元
書號 —— 2BBZ0023
ISBN —— 978-626-97659-1-1

著作權所有　侵害必究

星出版讀者服務信箱 —— starpublishing@bookrep.com.tw
讀書共和國網路書店 —— www.bookrep.com.tw
讀書共和國客服信箱 —— service@bookrep.com.tw
歡迎團體訂購，另有優惠，請洽業務部：886-2-22181417 ext. 1132 或 1520

本書如有缺頁、破損、裝訂錯誤，請寄回更換。
本書僅代表作者言論，不代表星出版／讀書共和國出版集團立場與意見，文責由作者自行承擔。

國家圖書館出版品預行編目（CIP）資料

幽默：面對人生與工作，你最需要的軟實力／珍妮佛·艾克
Jennifer Aaker & 娜歐米 ·拜格多納斯 Naomi Bagdonas 著；洪慧芳
譯 .– 第一版 .– 新北市 : 星出版，遠足文化事業股份有限公司發行，
2023.11
304 面；15x21 公分 . --（財經商管；Biz 023）.
譯自：Humor, Seriously: Why Humor Is a Secret Weapon in
Business and Life

ISBN 978-626-97659-1-1（平裝）

1.CST：幽默 2.CST：生活指導 3.CST：職場成功法

185.8　　　　　　　　　　　　　　　112016441

Humor, Seriously: Why Humor Is a Secret Weapon in Business and Life
Copyright © 2020 by Jennifer Aaker and Naomi Bagdonas
Complex Chinese Translation Copyright © 2023 by Star Publishing
an imprint of Walkers Cultural Enterprise Ltd.
This edition arranged with C. Fletcher & Company, LLC. through
Andrew Nurnberg Associates International Limited.
All Rights Reserved.

新觀點
新思維
新眼界